Wenn
Eltern altern

Leben zu Hause

Alternative Wohnformen

Alten- und Pflegeheim

Hilfe im Alltag

Finanzielle Unterstützung

Vollmachten

Vorsorge

Rechts- und Steuerfragen

Verein für Konsumenteninformation (Hrsg.)
Manfred Lappe

Wenn Eltern altern

Das KONSUMENT-Buch für Jung und Alt

Impressum

Herausgeber
Verein für Konsumenteninformation (VKI)
Linke Wienzeile 18, 1060 Wien
ZVR-Zahl 389759993
Tel. 01 588 77-0 | Fax 01 588 77-73 | E-Mail: konsument@vki.at
www.vki.at | www.konsument.at

Geschäftsführung
Mag. (FH) Wolfgang Hermann

Autor
Dkfm. Manfred Lappe

Lektorat
Gerhard Früholz

Grafik/Produktion
Günter Hoy

Stand
Mai 2021

Foto Umschlag
pikselstock/Shutterstock.com

Druck
Holzhausen Druck GmbH, 2120 Wolkersdorf

© 2021 Verein für Konsumenteninformation, Wien
Printed in Austria

Das Werk ist urheberrechtlich geschützt. Alle dadurch begründeten Rechte, insbesondere die der Bearbeitung, der Übersetzung, des Nachdruckes, der Entnahme von Abbildungen, der Funksendung, der Wiedergabe auf fotomechanischem oder ähnlichem Wege und der Speicherung in Datenverarbeitungsanlagen, bleiben ohne vorherige schriftliche Zustimmung des Verlages (auch bei nur auszugsweiser Verwertung) vorbehalten. Gebrauchsnamen, Handelsnamen, Warenbezeichnungen usw. in diesem Buch sind auch ohne besondere Kennzeichnung im Sinne der Warenzeichen- und Markenschutz-Gesetzgebung nicht als frei zu betrachten. Produkthaftung: Sämtliche Angaben in diesem Fachbuch erfolgen trotz sorgfältiger Bearbeitung und Kontrolle ohne Gewähr. Eine Haftung des Autors oder des Verlages aus dem Inhalt dieses Werkes ist ausgeschlossen.

Verein für
Konsumenteninformation
ISBN 978-3-99013-105-3

€ 19,90

Bibliografische Information der Deutschen Nationalbibliothek
Die Deutsche Nationalbibliothek verzeichnet diese Publikation in der Deutschen Nationalbibliografie; detaillierte bibliografische Daten sind im Internet über <http://dnb.dnb.de> abrufbar.

Liebe Leser!

Viele Jahre lang sorgen Eltern für ihre Kinder. Doch später kommt irgendwann die Zeit, in der die junge Generation zunehmend gefordert ist, die Eltern im Alter zu unterstützen. Wenn körperliche oder geistige Fähigkeiten schwinden, ist für sie Hilfe zu organisieren oder selbst zu leisten. Und allmählich kommt es zum Rollentausch: Kindern sorgen für ihre Eltern.

In dieser Phase sind auch Entscheidungen zu treffen. Diese Zeit ist in vielen Fällen wohl auch nicht frei von Konflikten. Wie kann Unterstützung erfolgen, ohne dass dies als unerwünschter Eingriff in das Leben der Eltern empfunden wird? Welche Erwartungen kann oder will man erfüllen? Wie findet man die gesunde Balance zwischen dem Willen, zu helfen, und Schutz vor persönlicher Überforderung?

Mit diesem Arbeitsbuch möchten wir der jüngeren Generation das Wissen um einfache und sinnvolle Unterstützungsmöglichkeiten an die Hand geben. Es muss nicht jede der möglichen Maßnahmen umgesetzt werden – und vor allem auch nicht sofort. Der richtige Zeitpunkt hängt von den zu unterstützenden Personen, deren Gesundheit und individuellen Lebensumständen ab. Ihnen aber vermittelt dieses Buch das Wissen um die Möglichkeiten. So können Sie – möglichst gemeinsam mit den Eltern – einzelne Bausteine für sich nutzen.

Mit der Unterstützung und der Übernahme von Verantwortung für andere Menschen sind oftmals auch rechtliche Fragen verbunden. Was darf man selbst in die Hand nehmen, wozu braucht es welche rechtlichen Grundlagen? Auch zu diesem Thema klären wir über alle sinnvollen Möglichkeiten auf.

Natürlich tauchen in dieser Lebensphase für alle Beteiligten finanzielle Fragen auf. Unterstützungsmaßnahmen können kostenintensiv sein, aber die gute Nachricht ist: Es gibt Zuschüsse und Förderungen, auf die wir ebenfalls eingehen. Entlastung bei den Kosten ist wichtig, so fällt zumindest eine Sorge weg.

Der Serviceteil beinhaltet Formulare und Checklisten, die Ihnen bei Ihrer großen Aufgabe nützlich sein werden (Sie können diese auch unter **www.konsument.at/eltern-altern** downloaden). Dazu gibt es noch Kontaktadressen von Ansprechpartnern, die Ihnen bei dem schwierigen Rollentausch von Kindern und Eltern helfen können.

Ihr KONSUMENT-Team

Die Entwicklung vom Kind zum Unterstützer

– Umkehr der Rollen in der Familie
– In Würde selbstbestimmt altern
– Umgang mit Demenz
– Externe Hilfe bei schwierigen Situationen

Der älteste Mensch der Welt ist aktuell 117 Jahre alt, das durchschnittliche Lebensalter beträgt etwa 79 Jahre bei Männern und 84 Jahre bei Frauen. Im Lauf des Lebens ändern sich natürlich Fähigkeiten und Leistungsvermögen. Im Kindesalter sind wir selbst hilfsbedürftig, Mitte der 20er-Jahre schöpfen wir unser geistiges Potenzial voll aus, ein wenig später sind die sozialen Zentren im Gehirn voll ausgebildet. Unsere körperliche Leistungsfähigkeit kann dann noch immer ansteigen. Bei einer üblichen Generationenspanne von rund 30 Jahren aber ist klar: Wenn bei jungen Leuten Kräfte und Leistungsvermögen groß sind oder sogar noch wachsen, schwinden bei älteren Menschen die Kräfte. Aus dem „hilflosen" Kind wird ein Unterstützer der älteren Generation.

Umkehrung der Rollen in der Familie

Es gehört zum Leben dazu, dass man sich weiterentwickelt. Als hilfloses Kind wird man geboren und über zumeist 16 bis 20 Jahre, zum Teil noch länger, von den Eltern großgezogen und finanziell unterstützt. Nach Ausbildung und Studium trennen sich die Wege zwar nicht, aber die jüngere Generation gründet eine eigene Familie, bekommt oft auch eigene Kinder. Erneut sind die Eltern wieder gefragt, einerseits bei finanziellen Unterstützungen und andererseits für Babybetreuung. Zugleich wird oft klar, dass auch die ältere Generation um das 50te bis 60te Lebensjahr nicht mehr unendlich belastbar ist. Bei einzelnen Tätigkeiten, wie dem Klettern auf Leitern, dem Austausch von Deckenlampen, dem Schleppen von schweren Einkäufen oder Urlaubskoffern greift man zuerst zaghaft und dann auch häufiger auf die Unterstützung der eigenen Kinder, engen Verwandten und später auch Enkel zurück.

Und diese wechselseitige Unterstützung ist auch normal. Unter Freunden würde man ja auch keine einseitige Unterstützung wollen und bevorzugt ein ausgewogenes Verhältnis von Geben und Nehmen. Bei der Familie drückt sich dies auch in Gesetzen aus, die jedoch immer wieder (zum Teil einseitig) vergessen werden. Die Unterhalts- und Unterstützungspflicht der Eltern für ihre Kinder ist wohl allgemein bekannt. Sie beginnt mit der Geburt und endet mit der sogenannten Selbsterhaltungsfähigkeit, d.h. nach Abschluss von Ausbildung oder Studium. Danach gibt es nur bei der (ersten) Hochzeit noch die Mitgift als Unterstützung in den Familienstart, sofern das Kind nicht aufgrund von hohem Einkommen oder Vermögen darauf nicht angewiesen ist. Gleichermaßen im Gesetz ist aber auch die Unterstützungspflicht der Kinder für die Eltern verankert. Die finanzielle Unterstützung ist zwar eingeschränkt auf die Möglichkeiten der jüngeren Generation, aber tatkräftige Unterstützung oder die familiäre Nähe und Geborgenheit sind ebenso wichtig. Zum Lebensende hin hat der Gesetzgeber erneut die Familie bevorzugt und zwar mit dem gesetzlichen Erbrecht und der Bevorzugung von Ehegatten und Kindern beim Pflichtteil. Letzteres beträgt die Hälfte der gesetzlichen Erbquote und kann nochmals halbiert werden, wenn es zu keiner Zeit ein familiäres Naheverhältnis gab.

Die Unterstützung der Eltern durch die Kinder wird oft vergessen

In Würde selbstbestimmt altern

Es ist der Wunsch von allen und vielen gelingt es auch: Bis ins hohe Alter (halbwegs) körperlich und geistig fit zu sein. Dies bedeutet nicht, dass es nicht auch gewisse Einschränkungen geben kann, wie Rückenschmerzen, Probleme beim Treppensteigen, etc. Aber mit diesen Einschränkungen kann man umgehen und entsprechende Entscheidungen z.B. zur gewünschten

Lebensform oder dem altersgerechten Umbau der Wohnung selbst oder gemeinsam mit den Angehörigen treffen.

Eine junge Sichtweise kann helfen, ein altersgerechtes Leben gut zu meistern

Wenn Sie zu den noch jungen Alten und/oder fitten Alten gehören, finden Sie eine Vielzahl von Anregungen für ein altersgerechtes und selbstbestimmtes Leben in diesem Buch. Viele der Vorschläge können Sie mit geringem Aufwand selbst umsetzen. Und andere Punkte wie auch eine Vorsorgevollmacht oder eine Patientenverfügung können Sie z.B. mit Ihren Kindern oder Angehörigen gemeinsam erstellen. Nicht (nur), weil sie in späteren Jahren möglicherweise auf deren Hilfe angewiesen sind, sondern weil diese Unterlagen auch für die jüngere Generation außerordentlich wichtig sind, was allerdings von jungen Menschen oft verdrängt wird.

Auch fitte Alte können und sollten Hilfe annehmen. Nicht zuletzt, um ihren Angehörigen und Kindern die Möglichkeit zu geben, durch ein gewisses Geben sich für das viele Nehmen im Leben zu bedanken und erkenntlich zu zeigen. Und bei einigen Entscheidungen mag auch ein anderer Blickwinkel und eine junge Sicht hilfreich sein, um ein altersgerechtes Leben gut zu meistern.

Umgang mit Demenz

Demenz ist ein großes Angstwort unter jungen und alten Menschen. Viele der Symptome wie Konzentrationsstörungen, Vergesslichkeit, etc. treten jedoch auch bereits in jungen Jahren und bei völlig gesunden Menschen auf. Hier sei nur an den typischen „vergesslichen Professor" erinnert, der aufgrund der Konzentration auf eine Sache dann Probleme mit der zeitgleichen Konzentration bei alltäglichen Dingen zeigen kann. Auch vergisst jeder Mensch im Alter leichter Dinge und Namen, ohne dass dies einen ernsten Hintergrund im Sinne eines starken mentalen Abbaus haben muss.

Tipp

Sofern Sie den Eindruck haben, dass Sie bzw. der Angehörige ungewöhnlich (und zunehmend) unkonzentriert oder vergesslich ist bzw. andere Symptome zeigt, sollten Sie mit dem Hausarzt darüber sprechen. Dieser kann erste Untersuchungen durchführen und auch an einen Spezialisten verweisen. Nicht jede Änderung muss Demenz bedeuten und sagt vor allem auch nichts über die Schnelligkeit einer Änderung aus. Und der Verlauf lässt sich durch Medikamente oder nicht-medizinische Anwendungen oftmals verlangsamen.

Der Begriff Demenz bezeichnet keine bestimmte Krankheit, sondern vielmehr das Auftreten von bestimmten Symptomen, die jedoch unterschiedliche Ursachen haben können. Mehr als 50 Krankheiten – wie Alzheimer oder vaskuläre Demenz als häufigste Erscheinungsformen – werden unter diesem Begriff verstanden. Die gemeinsamen Symptome sind die fortschreitende und dauerhafte Beeinträchtigung von Gedächtnis, Denken und anderen Hirnleistungen. Zusätzlich kann es zu Verhaltensänderungen wie uneinsichtigem Verhalten oder Aggressivität kommen. Die Erscheinungsformen sind bei den zugrunde liegenden Krankheiten im Zeitablauf und in der Stärke zum Teil unterschiedlich.

Ein Symptom einer beginnenden Alzheimer-Erkrankung (aber auch bei anderen Demenz-Krankheiten) sind Störungen des Kurzzeitgedächtnisses. Es kommt zu Orientierungsproblemen in fremder Umgebung, Vergesslichkeit von Begriffen oder Namen im Gespräch, Konzentrationsproblemen oder dem Verlegen von Sachen. Demenz im fortgeschrittenen Stadium betrifft dann auch das Langzeitgedächtnis, es folgen das nicht mehr Erkennen von vertrauten Personen und dann auch der körperliche Abbau. Die vaskuläre Demenz beruht auf Durchblutungsstörungen im Gehirn, die Auswirkungen können jenen der Alzheimer-Erkrankung jedoch ähneln. Mögliche Erkennungszeichen sind einerseits Konzentrationsstörungen und Orientierungsprobleme, jedoch auch Störungen beim Gehen, Verlangsamung, Störungen der Blasenentleerung, Wesensänderungen und Depression.

Primäre Demenzen sind eigenständige Krankheiten wie Alzheimer, bei denen die Nervenzellen im Gehirn absterben. Diese sind nicht heilbar, jedoch kann durch eine richtige Behandlung der Verlauf verzögert werden. Sekundäre Demenzen sind Folgeerkrankungen z.B. von Stoffwechselerkrankungen, Alkoholsucht, Diabetes oder auch Entzündungen. Sofern die Ursache frühzeitig erkannt wird, lassen sie sich manchmal heilen. Die Behandlung erfolgt einerseits durch Medikamente und andererseits durch Maßnahmen wie Ergotherapie, Verhaltens- oder Musiktherapie, kognitives Training (Schulung von Aufmerksamkeit, Gedächtnis und Orientierung), Realitätsorientierung und Milieutherapie.

Ein an Demenz Erkrankter benötigt irgendwann verstärkte Unterstützung im Alltag, so wie andere Senioren auch, nur möglicherweise etwas früher. Diese Unterstützung kann sich beziehen auf: Ankleiden, Waschen, Einkaufen, Kochen und Essen, etc. Es ist daher durchaus sinnvoll, sich bereits frühzeitig um die zukünftige Unterstützung durch Angehörige, mobile Dienste oder auch stationäre Einrichtungen Gedanken zu machen.

Externe Hilfe bei schwierigen Situationen

Schwierige Situation der gleichzeitigen Überforderung und Hilflosigkeit bei Jung und Alt

Das Thema Altern wie auch das Thema Demenz treffen die jüngere wie ältere Generation gleichermaßen. Die Kinder und Angehörigen sind oft nicht darauf vorbereitet, dass die Eltern scheinbar plötzlich nicht mehr alles selbst machen können. Sie fühlen sich oft hilflos, von der Situation überfordert und wissen nicht was sie tun können bzw. sollen. Die Eltern erleben die Einschränkungen des Alterns und auch eine beginnende Demenz am eigenen Leib, fühlen sich ebenso hilflos, verzweifelt und von der Situation überfordert.

Oftmals kommt es in diesen Situationen der gleichzeitigen Hilflosigkeit und Überforderung zu überschießenden Emotionen wie Vorwürfen, lautstarken Auseinandersetzungen, Aggression oder auch Depression.

Die Hilflosigkeit und die Überforderung mit der Situation lassen sich oft mit Hilfe von Außenstehenden verringern oder überwinden. Sehr wichtig ist die sachgerechte Information von Kindern und Betroffenen über die körperlichen und geistigen Einschränkungen und ihre Ursachen. Im vorherigen Kapitel war die Rede davon, dass man primäre Demenzen verlangsamen und sekundäre Demenzen sogar zum Teil heilen kann. Sprechen Sie mit Experten und klären Sie die Ursachen der Krankheit sowie den typischen Verlauf derselben. Und lassen Sie sich Tipps für den Tagesablauf und für unterstützende Aktivitäten geben. Einige davon sind:

- Bleiben Sie so lange wie möglich aktiv.
- Treffen Sie sich regelmäßig mit Familie und Freunden.
- Machen Sie Ausflüge und führen Sie Ihre Hobbies fort.
- Nehmen Sie an Freizeit- und Seniorengruppen teil.
- Überfordern Sie sich nicht mit zu vielen Aktivitäten am Tag.
- Lassen Sie sich helfen.
- Sprechen Sie mit Ihren Angehörigen offen über Ihre Probleme und beziehen diese in Ihre Planungen und Aktivitäten ein.

Wer kann uns helfen?

Angehörige finden oftmals Unterstützung in Selbsthilfegruppen (siehe Erfahrungsaustausch von Angehörigen, siehe ► Seite 89), aber auch Beratungsangebote der Sozialhilfeorganisationen können helfen. Zusätzlich gibt es professionelle Demenz-Begleitungen, die sich nicht nur um die Betroffenen, sondern auch um deren Angehörige kümmern. Weitere Stellen finden Sie im Informationsservice des Sozialministeriums (siehe Suche von Unterstützungsstellen, siehe ► Seite 89).

Einfache Hilfestellungen im Alltag

– Persönliche Unterstützungen
– Unterstützung durch Technik
– Therapie-, Assistenz- und Besuchshunde

Vertretung bei Behörden

Anlässe für Behördengänge und -kontakte gibt es viele in unserem Leben:

- Erstellen, abgeben und kontrollieren der Steuererklärung
- Stellen von Zuschussanträgen für bauliche Maßnahmen und andere Zuschüsse
- Beantragung Pension und Pflegegeld
- Organisation und Anmeldung von 24-Stunden-Hilfe
- etc.

Da sind die Eltern oftmals froh, wenn ihnen die Kinder und Verwandten einen Teil der oft komplexen und schwierigen Themenstellungen abnehmen. Zumindest dann, wenn es eben einfach nicht mehr geht. Aber natürlich sind Behördenkontakte immer auch formell: Wer darf für den Betroffenen sprechen, wer darf Briefe und Schriftstücke in Empfang nehmen?

Im Serviceteil finden Sie in Anhang B (siehe ► Seite 111ff) ein Muster für eine entsprechende Vollmacht, die wir kurz mit Ihnen durchsprechen wollen. Inhaltlich ist sie an einer Vorsorgevollmacht (hier aus Buch: Alles geregelt. Das KONSUMENT-Vorsorgebuch, siehe ► Seite 125) orientiert. Haben Ihre Eltern eine Vorsorgevollmacht, kann eine separate Vollmacht für Behörden dennoch sinnvoll sein. Zumindest dann, wenn Sie Ihre Vertretungsvollmacht nicht immer durch Vorlage der gesamten Vorsorgevollmacht nachweisen wollen.

Wen will ich mit welchen Aufgaben betrauen?

Inhaltlich kann der Beauftrager zwischen unterschiedlichen Bereichen unterscheiden. So kann er für sich einige Bereiche (noch) zurückhalten, für die einzelnen Bereiche unterschiedliche Personen bevollmächtigen oder auch alles an eine Vertrauensperson geben. Hier sehen Sie einige typische Beispiele:

- ☐ mich vor Behörden und Gerichten zu vertreten;
- ☐ mich gegenüber öffentlichen Versicherungen sowie Pensionsbehörden und betrieblichen Pensionsvorsorgeeinrichtungen (wie Krankenkassen, Pensions- und Unfallversicherungsanstalten, Pensionsämtern, [Mitarbeiter-]Vorsorgekassen, Krankenfürsorgeanstalten, Pensionsinstituten, Betriebspensionskassen, Pensionsfonds, Wohlfahrtsfonds und sonstigen Hilfs- und Unterstützungskassen) zu vertreten;
- ☐ mich gegenüber privaten Versicherungen (wie Lebensversicherungen, Haushaltsversicherungen usw.) zu vertreten;
- ☐ für mich Verträge mit Telekommunikationsunternehmen abzuschließen und zu kündigen sowie alle damit zusammenhängenden Willenserklärungen abzugeben.

Die Vollmacht beginnt mit der Einschränkung, die Sie möglicherweise aus der Vorsorgevollmacht kennen: Sie tritt erst dann in Kraft, wenn der Beauftrager diese Tätigkeiten aufgrund von fehlender Einsichts- und Urteilsfähigkeit nicht mehr selbst wahrnehmen oder sich nicht mehr selbst äußern kann.

> Der/Die Bevollmächtigte ist nur zu meiner Vertretung berechtigt, wenn ich in rechtlichen Angelegenheiten nicht mehr selbst entscheiden kann; das ist der Fall, wenn in rechtsgeschäftlichen Angelegenheiten die Geschäftsfähigkeit oder wenn in höchstpersönlichen Angelegenheiten die Einsichts- und Urteilsfähigkeit fehlt oder wenn ich mich nicht mehr selbst äußern kann.

Das Muster unserer Vollmacht ist damit ein „Notnagel", wenn sich die Eltern um wichtige Angelegenheiten nicht mehr selbst kümmern können. Soll jedoch bereits vorher ein Teil der unangenehmen Tätigkeiten wie Zuschuss-Beantragung, etc. an eine Vertrauensperson weitergegeben werden, so streichen Sie den ersten Absatz einfach durch.

Vertretung bei der Eigentümerversammlung

Die Nichtbeteiligung an einer Abstimmung kann hohe Kosten verursachen

Sofern Ihre Eltern eine oder mehrere Eigentumswohnungen haben, gibt es in der Regel alle zwei Jahre eine Eigentümerversammlung. Sollten die Wohnungen in anderen Städten gelegen sein, wäre dies auch mit Reisetätigkeit verbunden. Allerdings kann es auch dazwischen Entscheidungsbedarf geben bzgl. Investitionen (neuer Kinderspielplatz, Neuausmalung des Treppenhauses, Sanierung des Dachs, neuer Vertrag mit Dienstleistern, etc.). Und hier wird klar: Einige der Entscheidungen können das Ausgeben von viel Geld bedeuten, oft verbunden mit einer Sonderzahlung an die Hausgemeinschaft oder zukünftig höhere Vorschreibungen für Reparaturrücklage und Betriebskosten.

Es macht immer Sinn, sich mit den anstehenden Entscheidungen auseinander zu setzen und sich dann schriftlich oder persönlich an der Meinungsbildung und den Entscheidungen zu beteiligen.

Mit dem beigefügten Muster einer Vollmacht (siehe Anlage C im Serviceteil, siehe ► Seite 111ff) können die Eltern ihre Kinder oder eine Vertrauensperson mit der Vertretung beauftragen. Auch hier haben wir analog zur Vorsorgevollmacht auf den Verlust der fehlender Einsichts- und Urteilsfähigkeit bzw. den Verlust der Möglichkeit der persönlichen Äußerung abgestellt. Und auch hier gilt: Soll die Vollmacht bereits vorher greifen, so sollten diese Passagen gestrichen werden.

Im Falle von Urlaub oder z.B. Kuraufenthalt könnte der Beauftrager die Vollmacht auch nur auf eine bestimmte Zeit beschränken:

> Der/Die Bevollmächtigte ist nur zu meiner Vertretung in Angelegenheiten der Haus- und Wohnungseigentümer, Liegenschaft .... in .... in der Zeit vom xx.xx.xxxx bis zum xx.xx.xxxx berechtigt.

Aber auch die Beauftragung z.B. nur für eine Eigentümerveranstaltung wäre möglich:

> Der/Die Bevollmächtigte ist nur zu meiner Vertretung in Angelegenheiten der Haus- und Wohnungseigentümer, Liegenschaft .... in .... in der Eigentümerveranstaltung am xx.xx.xxxx berechtigt.

Unterstützung bei Arztbesuchen

Arztgespräche sind immer vertraulich. Ihre Eltern können Sie mitnehmen, im Wartezimmer warten lassen oder ganz auf Ihre Begleitung verzichten. Was aber ist, wenn diese sich z.B. aufgrund eines Schlaganfalls, von Demenz, etc. etwa zu Beschwerden, Vorerkrankungen, Medikamenten nicht äußern können? Nun, gemäß dem Ärztegesetz darf der Arzt auch den Kindern dann keine Auskunft über den Gesundheitszustand des Patienten geben. Lediglich, wenn der Arzt zu Ihren Gunsten Ihre Betreuungspflicht gegenüber den Eltern mit berücksichtigt, werden Sie von ihm Auskunft erhalten.

Nur bei Entbindung von der Schweigepflicht darf der Arzt etwas sagen

Um hier Probleme zu vermeiden sollten Sie – am besten wechselseitig mit Ihren Eltern – den Arzt von der ärztlichen Schweigepflicht entbinden (siehe Entbindung von der ärztlichen Schweigepflicht, siehe ► Seite 65).

Einen entsprechenden Formulierungsvorschlag finden Sie im Serviceteil als Anlage D (siehe ► Seite 111ff). Eine ähnliche Formulierung sollten Sie auch in jeder Patientenverfügung und Vorsorgevollmacht vorfinden.

Unterstützung bei Bankgeschäften

Auch Bankgeschäfte sind Vertrauenssache und von den Banken wird das Bankgeheimnis strikt gehandhabt. So erfahren auch Kinder von betreuungsbedürftigen Eltern nichts über die Höhe des Kontosaldos, Wertpapiere im Depot, etc. Und können so auch nicht eingreifen, wenn aufgrund eines negativen Kontosaldos Sollzinsen und Überziehungsprovision auflaufen oder Wertpapiere mittels Stop-loss-Order abgesichert oder verkauft werden sollten.

Dies jedoch kann geändert werden. Entweder generell oder nur für den Fall, dass sich der Kontoinhaber nicht mehr selbst äußern und kümmern kann. Im Serviceteil, Anlage E (siehe ► Seite 111ff) finden Sie eine sehr ausführliche Bankvollmacht, die Ihren Eltern quasi das gesamte Spektrum an möglichen Handlungsalternativen anbietet. Die Bandbreite reicht hierbei von der Entbindung des Bankgeheimnisses über die Zugriffsmöglichkeit auf ein einzelnes Konto bis hin zum Zugriff auf alle Konten, Depots, Bausparverträge und Sparkonten einer Bank.

Tipp

Einige Banken akzeptieren keine eigene Vollmacht, obwohl diese rechtlich ausreichend ist. Klären Sie daher mit der Bank, ob diese die genannte Vollmacht akzeptiert oder auf ein bankinternes Vollmachtsformular besteht.

Im Innenverhältnis zwischen Vollmachtgeber und Vollmachtnehmer sollte schriftlich fixiert werden, dass der Vollmachtnehmer die Konten nicht zu eigenen Zwecken, sondern immer nur für und im Sinne des Vollmachtgebers nutzen darf. Dies haben wir aus Vereinfachungsgründen (leichtere Zuordenbarkeit) unten in die Vollmacht mit aufgenommen, jedoch ist auch ein separates Blatt möglich.

Innenverhältnis zwischen Vollmachtgeber und Vollmachtnehmer

Der Vollmachtgeber .... und der Vollmachtgeber .... vereinbaren einvernehmlich, dass der Vollmachtnehmer auf die Konten und Depots nur für und im Sinne vom Vollmachtgeber zugreifen darf.

....	....	....
Ort, Datum	Vollmachtgeber	Vollmachtnehmer

Unterstützung durch Technik

Technische Unterstützung gibt es oft bereits für kleines Geld

Sehr einfache und oft auch kostengünstige Unterstützungsmöglichkeiten gibt es auch im Bereich der Technik. Oftmals können einfache oder speziell für Senioren konzipierte Geräte helfen, die Beschwerden des Alterns zu mildern und länger ein weitgehend unbeschwertes Leben zu führen.

Hörgeräte

Es ist ganz normal, dass sich der Gehörsinn mit dem Alter ändert, wenn auch nicht zum Besseren. Zumeist fällt es schwerer, die Umgebungsgeräusche herauszufiltern, sodass die Worte eines Gegenübers nicht mehr so klar und verständlich wahrgenommen werden. Und leider fällt einem selbst dies nicht unmittelbar auf, was leicht zur Vereinsamung der betroffenen Person führen kann. Es ist daher sinnvoll, im höheren Alter auch die Hörleistung regelmäßig prüfen zu lassen.

Moderne Hörgeräte haben nur noch wenig mit den Modellen von vor 30 Jahren zu tun. Wir unterscheiden zuerst einmal analoge und digitale Hörgeräte, die sich in der Signalverarbeitung unterscheiden. Analoge Geräte nehmen die Signale aus der Umgebung auf und verstärken diese, das Filtern und Abmildern von Geräuschen ist hingegen nicht möglich. Heutzutage werden vorrangig digitale Hörgeräte verkauft: Diese wandeln die Geräusche in elektronische Signale um. Im Folgenden werden nur die wesentlichen Signale weitergeleitet und verstärkt. Im Falle unseres Eingangsbeispiels wird also die Stimme des Gesprächspartners verstärkt, die Hintergrundgeräusche hingegen abgemildert oder unterdrückt. Und was die oft geäußerte Frage nach der Größe angeht: Digitale Geräte sind überdies kleiner als die analogen Pendants.

Bei den Hinter-dem-Ohr-Geräten (sogenannte offene Versorgung) werden Schallschlauch und Ohrstück im äußeren Gehörgang befestigt, das Gerät hingegen hinter dem Ohr. Dabei kommt es zu einem natürlicheren Hören, da der Schall auf das Gerät selbst trifft. Bei den Im-Ohr-Geräten (sogenannte geschlossene Versorgung) ist der äußere Gehörgang weitgehend verschlossen. Dadurch ist die Übertragung direkter und das Gerät kann besser auf unterschiedlichste Hörprobleme angepasst werden.

Sofern mit obig genannten Grundtypen keine Besserung erzielt werden kann, kommen noch in Frage:

- Knochenleitungshörgeräte
- Knochenverankerte Hörgeräte
- Implantierte Mittelohrhörgeräte
- Cochlea-Implantate
- Hirnstamm-Implantate
- Tinnitus-Noiser
- Lyric (Platzierung im Gehörgang, quasi unsichtbar)

Mit welchen Kosten muss man rechnen? Bei einer ärztlichen Verordnung und einer Bewilligung durch die Krankenkasse ergeben sich folgende grobe Richtwerte:

- Modell Basis: ab 0 Euro
- Modell Standard: ab 300 Euro
- Modell Premium: ab 1.700 Euro

Sehkraft und -hilfen

Viele Menschen haben einen angeborenen Sehfehler und benötigen bereits in jungen Jahren eine Brille oder Kontaktlinsen zur Korrektur der Sehschwäche, die zumeist im Fernbereich liegt. Im Alter jedoch lässt die Sehstärke der Augen zusätzlich nach und macht es zunehmend schwer, mit den Augen zu fokussieren, vor allem im Nahbereich. Zuerst reagiert man mit dem immer weiter Weghalten von Buch oder Zeitung, dann werden scheinbar die Arme für diese Ausweichtätigkeit zu kurz. Abhilfe schafft hier eine Lesebrille, die es oft für wenige Euro zu kaufen gibt.

Hatte man bereits vorher eine Brille für den Fernbereich und jetzt eine zusätzliche Brille für den Nahbereich, so muss man je nach Nah- oder Fernsicht dauernd die Brillen tauschen. Dies ist unpraktisch und gerade beim häufigen Wechsel der Sehbereiche, z.B. beim Autofahren oder Einkaufen, zunehmend auch ein Sicherheitsproblem.

Abhilfe schaffen dann Brillen mit Gleitsichtgläsern, welche sowohl die Sehschwäche im Nahen als auch in der Ferne abdecken. Zumindest die erste Anpassung sollte durch einen Augenarzt geschehen.

Der jährliche Boxen-Stopp für die Augen

Tipp

Bei der Untersuchung durch den Augenarzt sollte auch geprüft werden, ob das Gesichtsfeld und der Sehnerv noch in Ordnung sind und der Augeninnendruck nicht zu hoch ist. Ähnlich wie der Bluthochdruck ist ein erhöhter Augeninnendruck nicht spürbar. Jedoch führt er, sofern er nicht behandelt wird, schleichend zu einer Schädigung des Sehnervs und damit zur Erblindung. Ein beschädigter Sehnerv ist zumindest heutzutage noch irreversibel, d.h. es kommt zu einer dauerhaften Einschränkung der Sehkraft. Diese Untersuchungen sollten im Alter jährlich durchgeführt werden.

Generell kann es zu unterschiedlichen Augenerkrankungen kommen, die frühzeitig erkannt und behandelt werden sollten. Einige hiervon sind Folgeerscheinungen von Diabetes, andere treten vor allem im Alter auf:

- Netzhautablösung
- Grauer Star/Katarakt
- Grüner Star/Glaukom
- Entzündung verschiedener Augensegmente (Uveitis)
- Veränderung der Hornhaut, z.B. Keratokonus
- (altersbedingte) Makuladegeneration
- Veränderung des Auges durch Allgemeinerkrankungen, z.B. Diabetes

Sofern Brillen für eine ausreichende Sehfähigkeit nicht mehr ausreichen, eine Restsehfähigkeit jedoch noch vorhanden ist, können folgende Sehhilfen helfen, das Leben zu erleichtern:

- Lupen
- Lupenbrillen
- Fernrohrlupen und -brillen
- Bildschirmlesegeräte für das Lesen am Monitor
- Elektronisch vergrößernde Sehhilfen
- Vorlesegeräte

Die Hilfestellungen hören bei einfachen Brillen nicht auf

Gehhilfen

Im Alter sollte man vor allem eines nicht machen: Fallen. Denn sehr leicht kommt es dann zum Bruch des Oberschenkelhalsknochens oder anderen Brüchen mit Krankenhausaufenthalt und längerer Rehabilitation. Zu einem sichereren Stand und Gang können Gehhilfen beitragen. Unter diesen Oberbegriff fallen folgende Hilfen:

- Gehstöcke
- Krücken (auch Unterarmgehstützen genannt)
- Achselstützkrücken
- Vierfußgehhilfe
- Arthritisgehhilfe
- Gehböcke (auch Gehgestelle oder Gehrahmen genannt)
- Rollatoren (auch Gehwagen genannt)
- Rollstühle
- Elektromobile

Gehstöcke als einfachste Form der Gehhilfe gibt es aus den unterschiedlichsten Materialien: Holz, Aluminium, etc. Wichtig ist vor allem, dass der Gehstock zur eigenen Größe passt, d.h. nicht zu kurz oder zu lang ist. Hier bieten Gehstöcke aus Metall oft den Vorteil der Höhenverstellbarkeit. Daneben muss der Gehstock gut in der Hand liegen (z.B. mit anatomischem Griff), aber auch auf Links- bzw. Rechtshänder zugeschnitten sein.

Krücken werden hauptsächlich nach Verletzungen eingesetzt, auch hier ist die Höhenverstellbarkeit wichtig. Eine Vierfußgehhilfe gibt durch die vier Füße einen sehr sicheren Stand. Oftmals werden diese im eigenen Heim eingesetzt, z.B. im möglicherweise nicht ganz trockenen Badezimmer.

Die Arthritisgehhilfe wurde für Behinderungen durch Arthritis und Rheuma entwickelt. Durch eine große Manschette und einen Gurt wird der Arm ruhiggestellt, ein verstellbarer Handgriff stützt auch bei Handgelenksversteifungen.

Gehböcke sind Gestelle mit vier Füßen, zwei seitlich neben dem Benutzer, zwei vorne weg und geben einen sehr guten Halt. Im Gegensatz zum Rollator haben sie keine Rollen, eignen sich daher insbesondere für kleinere Schritte. Gehböcke gibt es einerseits ohne jedes Beiwerk, andererseits auch mit Korb oder Netz um kleinere Materialien zu transportieren.

Während alle bisher genannten Gehhilfen für unter 100 Euro erhältlich sind, kosten Rollatoren ab knapp über 100 Euro. Es gibt sie mit zwei Rollen vorne und 2 Beinen hinten oder auch mit vier Rollen, von denen aber die zwei hinteren gesperrt werden können.

Ein Standardmodell ist preiswerter, die Maßanfertigung hingegen genauer angepasst

Ein Rollstuhl dient gehunfähigen und gehbehinderten Menschen zum individuellen Gebrauch. Je nach Bewegungsfähigkeit kann man selbst damit fahren oder sich auch fahren lassen. Es sollte ein faltbarer Rollstuhl gewählt werden, um den Transport mit dem Auto zu erleichtern. Die Rollstühle werden in der Regel in sechs Sitzbreiten angeboten: 37, 40, 43, 46, 49 und 52 Zentimeter. Hier muss jeder selbst ausprobieren, welcher Stuhl am bequemsten ist. Durch eine Tür mit der Standardbreite von 80 Zentimeter passen sie alle. Das Zubehör umfasst ein Rollstuhlnetz ebenso wie spezielle Sitzkissen oder auch einen Infusionsständer.

Tipp

Rollstühle gibt es auch als Maßanfertigung, eine Beratung ist dringend zu empfehlen. Eine Alternative zum Kauf ist Miete.

Bereits mehrere tausend Euro kostet dann ein elektrischer Rollstuhl. Mit knapp 6 Kilometern die Stunde und einer Reichweite von etlichen Kilometern bringt der E-Rollstuhl zusätzliche Mobilität. Auch hier gibt es faltbare Modelle mit einer Breite, die durch übliche Türstöcke passt.

Seniorenhandy

Mit dem Altern kann es auch zu Einschränkungen der Seh- bzw. Hörfähigkeit und der Motorik der Hände kommen. Was aber bedeutet dies für die Fern-Kommunikation, d.h. das Telefonieren? Der Verein für Konsumenteninformation hat in seinem Testmagazin KONSUMENT Heft 3/2021 unterschiedliche Seniorenhandys untersucht. Geprüft wurden hierbei die Modellreihen der Tastentelefone, der Smartphones und auch sogenannte Hybridmodelle nach den Kriterien:

- Ausstattung (Art des Handys: Klapp- oder Barren-Handy, Smartphone)
- Abmessungen
- Bedienungsanleitung
- Touchscreen
- Tastatur
- Speichergröße
- Kopfhörer im Lieferumfang enthalten?
- GPS-Empfänger
- Radio
- Telefonfunktion (Sprachqualität, Netzempfindlichkeit)

- Handhabung (Eignung für Personen mit Hör-, Seh-, Motorikschwäche; Inbetriebnahme, Telefonieren, SMS, Notruf, täglicher Gebrauch, Internet, Menüführung, erweiterte Funktionen, Tragbarkeit)
- Haltbarkeit
- Akku (im Stand-by-Modus, beim Telefonieren, Ladezeit in Minuten)
- Umsetzung der Notfallfunktion
- Kann das Gerät griffbereit mitgeführt werden?
- Zusatzfunktionen

Der Test wurde durch Personen der Zielgruppe durchgeführt und erscheint daher für Senioren als besonders aussagekräftig (Ergebnisse finden Sie unter www.konsument.at/Handys21).

Notruftelefon

Immer wieder liest man, dass eine ältere Person tagelang in der eigenen Wohnung lag und ihre Hilferufe nicht gehört wurden. Dies muss nicht sein, bieten doch einige der großen Sozialhilfeorganisationen sogenannte Notruftelefone an. Die Funktionsweise ist denkbar einfach:

- Voraussetzung für die Installierung eines Notrufsystems ist ein Telefonanschluss sowie eine Telefonsteckdose (Dreifachsteckdose).
- Die betroffene Person trägt ein Armband mit einem Alarmknopf.
- Wird ein Alarm am Armband oder direkt am Notruftelefon gegeben, so wird eine Verbindung zu der Sozialhilfeeinrichtung als Vertragspartner aufgebaut.
- Die Mitarbeiter der Sozialhilfeeinrichtung sehen die Daten wie Name und Adresse des Hilferufenden.
- Über den Lautsprecher des Notruftelefons können sie direkt mit der möglicherweise hilfsbedürftigen Person sprechen und nach ihren Problemen fragen. Dies ist auch über mehrere Räume hinweg möglich, zumindest bzgl. der Stärke des Lautsprechers.
- Meldet sich die den Alarm auslösende Person nicht oder wird ein ernster Hilferuf festgestellt, kann die Sozialhilfeeinrichtung einen oder mehrere Mitarbeiter zur Wohnung schicken. Diese haben einen Wohnungsschlüssel und können so auch zu einer hilflosen Person problemlos vordringen.

Auch wenn man nicht sprechen kann, wird für Hilfe gesorgt

Tipp

Das Notruftelefon hat einerseits die wichtige Funktion des Hilferufs einer alleinstehenden und hilflosen Person. Daneben hat es jedoch auch eine beruhigende Wirkung einerseits für den Senior und andererseits für die Angehörigen. Diese beruhigende Wirkung entspannt und schont das Herz-Kreislauf-System, sodass die Wahrscheinlichkeit eines Notfalls gesenkt wird. Solche Systeme werden von mehreren Sozialeinrichtungen angeboten, daher lohnt sich ein Preisvergleich.

Altersgerechte Einrichtung

Oftmals mit nur geringem Aufwand, in jedem Fall aber ohne Umbaumaßnahmen, lassen sich durch geeignete Geräte Verbesserungen für das Leben im Alter erzielen.

Bett

Das Bett bietet in mehrerlei Hinsicht Optimierungspotenzial, wobei es bei den meisten Punkten um einen besseren Ein- und Ausstieg geht. Eine (elektrische) Höhenverstellung des Kopfteils hilft einerseits beim Lesen und Essen im Bett, andererseits ist sie eine gute Aufrichtungshilfe. Für einen bequemen Ein- und Ausstieg sind die meisten Betten zu tief, empfohlen werden zumeist 46 bis 50 Zentimeter. Abhilfe schafft hier eine Erhöhung des Betts oder der Matratze, indem entweder unter die Füße des Betts oder unter den Lattenrost eine Erhöhung, z.B. in Form eines Holzbretts, eingefügt wird. Wird das Aufstehen trotz Unterstützung von Angehörigen oder 24-Stunden-Hilfe noch beschwerlicher, so kann ein Krankenhausbett Abhilfe schaffen. Hier ist über dem Bett ein „Kran" angebracht, an dem man sich hochziehen oder halten kann. Eine große Erleichterung ist es, wenn das Bett von drei Seiten aus zugänglich ist. Dies hilft einerseits beim Wechseln der Bettwäsche und erleichtert auch den Angehörigen bzw. der 24-Stunden-Pflege die unterstützenden Maßnahmen.

Stühle

Bei Stühlen sollten solche mit seitlichen Lehnen bevorzugt werden. Sie geben nicht nur beim Sitzen zusätzliche Sicherheit, sondern können auch als Aufstehhilfe verwendet werden. Als Sitzhöhe werden zumeist 46 bis 50 Zentimeter empfohlen, dies ist aber abhängig von der Körpergröße.

Polster

Viele Polstermöbel sind sehr bequem, jedoch zu tief. Hierdurch wird (nicht nur) für ältere Menschen das Aufstehen erschwert. Es sollte überlegt werden, diese gegen altersgerechtere Möbelstücke auszutauschen.

Dusche und Badewanne

Die Rutschgefahr in und vor der Dusche und der Badewanne bannen

Sowohl in die Dusche als auch in die Badewanne sollten rutschfeste Matten gelegt werden. Diese verhindern ein Ausrutschen und reduzieren die Sturzgefahr. Auch vor Dusche und Badewanne sollten rutschende Teppiche oder Vorleger/Matten vermieden und durch rutschfeste Unterlagen ersetzt werden.

Teppiche

Prüfen Sie die Platzierung und die Lage von Teppichen in der Wohnung. Diese können im Alter leicht zu Stolperfallen werden. Mit einem doppelseitigen Klebeband oder speziellen Teppichklebebändern lässt sich der Teppich fixieren und die potenzielle Gefahr bannen.

Schuhe

Die Schuhe sollten einerseits fest und andererseits bequem sein. Schuhe mit Klettverschluss haben zwei Vorteile: Erstens lassen sie sich leichter an- und ausziehen und zweitens lassen sie sich bei anschwellenden Füßen in der Weite anpassen.

Sehloch/Spion

Der Spion in der Tür sollte immer auf Augenhöhe sein. Ansonsten müsste man sich bücken oder strecken. Dies wäre einerseits unbequem und hätte auch Auswirkungen auf die Standfestigkeit.

Beleuchtung

Sorgen Sie dafür, dass die Lampen in der Wohnung alle Bereiche gut ausleuchten, sodass mögliche Stolperstellen leicht erkannt werden können. Im Idealfall lassen sich die Lampen mit einem Bewegungsmelder kombinieren, so dass der Wohnungsabschnitt unmittelbar beim Betreten hell ist.

Wasser-Armatur

Zu bevorzugen sind Einhandmischer, d.h. Wasserhähne, die sich mit nur einer Hand bedienen lassen. Ein herausziehbarer Schlauch erleichtert das Reinigen des Waschbeckens und der Küchenutensilien.

Waschmaschine

Mit kleinen Tricks die Bequemlichkeit erhöhen

Die Waschmaschine bzw. der Trockner können auf ein Podest gestellt werden, damit sie leichter zu befüllen und zu entleeren sind.

Therapie-, Assistenz- und Besuchshunde

Durch mehrere wissenschaftliche Studien ist bestätigt, dass Hunde eine therapeutische Wirkung haben können. Dies gilt in besonderem Maße für Therapiehunde, die in Krankenhäusern, Tageskliniken, heilpädagogischen Praxen, Seniorenheimen oder Schulen eingesetzt werden. Dieser bleibt allerdings immer im Besitz und Eigentum seines Hundeführers, der oft als Therapeut oder im Bereich des medizinischen Personals arbeitet. Im Gegensatz dazu ist der Assistenzhund ein ständiger und dauerhafter Begleiter bei Menschen mit körperlichen, geistigen oder seelischen Einschränkungen. Bei Besuchshunden hingegen geht es in erster Linie um die offenen Begegnungen zwischen Mensch und Hund sowie die Förderung sozialer Kontakte.

Therapiehunde werden bei der Behandlung von Depressionen, Angststörungen, Sprachproblemen, Lernstörungen und anderen physischen, psychischen oder neurologisch bedingten Einschränkungen eingesetzt. Ihr Einsatzgebiet umfasst insbesondere folgende therapeutische Bereiche:

- Psychotherapie
- Ergotherapie
- Lerntherapie (vorwiegend bei Kindern)
- Sprach- und Sprechtherapie
- Physiotherapie
- Heilpädagogik

Therapiehunde können über den Unterstützungsfonds des Bundesministeriums für Soziales, Gesundheit, Pflege und Konsumentenschutz gefördert werden. Die Voraussetzungen für die Anerkennung von Assistenzhunden sind Im Bundesbehindertengesetz (BBG) festgelegt. Dadurch wurde Klarheit geschaffen, welche Hunde rechtlich als „Assistenzhund" und als „Therapie begleithund" gelten. Die zu absolvierenden Prüfungen sind in § 39a BBG festgelegt.

Wohnformen im Alter

– Die bisherige Wohnung weiter nutzen
– Betreutes Wohnen
– Wohngemeinschaften
– Alten- und Pflegeheime

Noch vor wenigen Jahrzehnten verband man mit Leben im Alter hauptsächlich das Leben in Alten- und Pflegeheimen. Dies jedoch ist schon längst nicht mehr so. Durch eine Vielzahl von Dienstleistungen und auch anderen Angeboten ist es inzwischen vielen Menschen vergönnt, in der eigenen Wohnung alt zu werden. Aber daneben gibt es eine Vielzahl von unterschiedlichen Wohnformen auch für ältere Menschen. Eine Alten-Wohngemeinschaft findet sich hier ebenso wie ein betreutes Wohnen in einer Senioren-Wohnanlage.

Die bisherige Wohnung weiter nutzen

Es ist wohl der häufigste Wunsch, im Alter in der bisherigen Wohnung und gewohnter Umgebung weiter zu wohnen und zu leben. Und oftmals ist dies auch bei zunehmenden Einschränkungen und Spuren des Alters möglich. So wie sich der Mensch ändert, muss die Wohnung neuen Bedürfnissen angepasst werden. Durch bauliche Veränderungen kann sichergestellt werden, dass man auch mit körperlichen Einschränkungen weiterhin die geliebten vier Wände nutzen kann. Zusätzlich gibt es eine Vielzahl von mobilen Dienstleistungen, die einem das Leben in der eigenen Wohnung wesentlich erleichtern können. Wir geben Ihnen einen Überblick.

Mit baulichen Maßnahmen zu mehr Lebensqualität

Viele bauliche Veränderungen bedeuten nicht zwingend auch hohen finanziellen Aufwand

Es ist für die meisten Menschen schön und erfüllend, wenn Sie auch im hohen Alter noch weitgehend selbstbestimmt in der eigenen Wohnung und bekannten Umgebung wohnen und leben können. Mit zunehmendem Alter kommt es allerdings oft zu Seh- und Hörproblemen, aber auch zu Einschränkungen der Beweglichkeit. Dies kann das Stiegensteigen betreffen oder auch die Notwendigkeit von Rollator oder Rollstuhl. Die Wohnung ist dafür zumeist nicht ohne Änderungen geeignet. Mit einigen, oft nicht allzu großen, baulichen Veränderungen kann das Zuhause an die Veränderungen der langjährigen Bewohner angepasst werden.

Dies muss nicht erst im so genannten Ernstfall einer größeren körperlichen Beeinträchtigung geschehen. Vielmehr lassen sich bauliche Veränderungen zumeist frühzeitig und ohne Stress realisieren. Und im Falle eines Wohnungswechsels können die nachfolgenden Punkte Orientierungshilfe dafür sein, welche Ausstattungsmerkmale der Wohnung im Alter wichtig sind.

Erreichbarkeit der Wohnung

Die Wohnung sollte barrierefrei erreichbar sein. Dies beginnt unten am Hauseingang. Hier sollte auf Schwellen verzichtet werden. Je nach Beeinträchtigungsgrad sollte die Tür um einen automatischen Türöffner bzw. -schließer ergänzt werden. Sofern Treppenstufen zu überwinden sind, kann ein Treppenlift (siehe Folgepunkte) helfen, in jedem Fall erforderlich ist ein Handlauf. Ein mit einem Rollstuhl nutzbarer Lift sollte die Erreichbarkeit höher gelegener Etagen ermöglichen. Es sollte Bewegungsmelder geben, die den Eingangsbereich automatisch beleuchten.

Eine Ebene

Generell sollten alle wesentlichen Räume auf einer Ebene liegen: Küche, Wohnzimmer, Schlafzimmer und Badezimmer. Und es versteht sich von selbst, dass dies die Ebene der Eingangstür sein sollte. So kann jeder der wichtigen Räume auch bei auftretenden Problemen beim Stiegensteigen oder bei der Notwendigkeit von Rollator oder Rollstuhl erreicht werden.

Treppen

Lässt sich die Anforderung einer Ebene nicht realisieren, so sollte geprüft werden, ob sich nachträglich ein Treppenlift einbauen lässt. Dabei unterscheidet man generell in Sitzlifte (die Person sitzt im Lift) und in Rollstuhllifte, letztere in Hublifte (senkrecht nach oben) und Plattformlifte. Die Lifte gibt es übrigens nicht nur für die Wohnung, sondern auch für draußen, z.B. für das Stiegenhaus des Hauses. Entweder für nur eine Etage oder auch über zwei und mehr Etagen. Je nach Bauart der Treppe werden die Lifte für gerade bzw. gebogene Treppen angeboten.

Treppenlifte können Sie sowohl neu als auch gebraucht kaufen. Auch eine Miete eines Treppenlifts ist im Fachhandel möglich.

Die Kosten für Treppenlifte sind von einer Vielzahl von Faktoren abhängig, die wir im letzten Absatz grob angesprochen haben. Sehr grob kostet ein neuer Treppenlift bei gerader Treppe und einer Etage rund 5.000 Euro, ein Treppenlift für enge und kurvige Treppen über zwei Ebenen kommt bereits auf rund 15.000 Euro. Hier sollte man sich vom Fachbetrieb ein unverbindliches Angebot für die eigene Wohnung erstellen lassen. In vielen Fällen ist es möglich, neben einer Anzahlung den Preis anschließend in monatlichen Raten abzustottern.

Bei Umbaukosten kann um finanzielle Unterstützung angesucht werden

Auch sind staatliche Zuschüsse zu den Umbaukosten (siehe Zuschuss zu den Umbaukosten, siehe ► Seite 72) möglich. Auch einige Berufsgenossenschaften und Sozialversicherungsträger wie Pensionsversicherungen bieten finanzielle Unterstützung an. Ob Sie zuschussberechtigt sind und wie hoch der individuelle Zuschuss ausfällt, können Sie bei den jeweiligen Sozialversicherungsträgern oder im Fachhandel erfragen. Dieser kann Ihnen auch Auskunft über weitere Zuschussmöglichkeiten z.B. vom Bundesland geben. Daneben ist auch die steuerliche Berücksichtigung als „außergewöhnliche Belastung" (siehe Kosten für Hilfsmittel und Heilbehandlungen, siehe ► Seite 83) möglich. Oftmals verfügen Innentreppen nicht über ein festes Geländer. Dieses sollte entweder nachgerüstet oder bei unsicherem Sitz besser befestigt werden. Es muss so stark in der Wand verankert sein, dass sich ein Mensch daran sicher festhalten kann.

Türschwellen

Der Übergang vom Flur zur Wohnung und auch in der Wohnung zwischen Gang und Zimmern sollte möglichst eben sein. Türschwellen sind hierbei nicht nur für Rollstuhlfahrer ein Problem. Sie sind auch für jede Person eine gewisse Stolperfalle, die insbesondere für mobil beeinträchtigte Menschen ein hohes Verletzungsrisiko bedeuten.

Türen

Türen in einer behindertengerechten Wohnung haben eine Breite von zumindest 80, besser 90 Zentimeter. Dies entspricht den Maßen einer Wohnungstür und ist um 10 Zentimeter breiter als normale Innentüren. Je nach örtlichen Gegebenheiten kann geprüft werden, ob es sich um eine Schiebetüre handeln kann. Sofern dies nicht möglich ist, sollten alle Türen nach außen aufgehen, auch die Tür der Dusche. Sonst könnte der Bewohner die Türe blockieren, wenn er stürzt und vor der Türe liegen bleiben. In dem Fall können Hilfspersonen nicht in den Raum.

Badewanne

Für die Badewanne sollte man sich eine Einstiegshilfe anschaffen. Hier gibt es unterschiedliche Modelle mit Treppenstufen und Haltegriffen, die sich einfach nachrüsten lassen.

Dusche

Die Dusche sollte schwellenfrei erreichbar sein und über einen abgeschrägten Duschablauf verfügen. Im Idealfall gibt es zumindest einen Schemel oder auch einen fest montierten Sitz, damit man auch im Sitzen duschen kann. Ebenfalls sollten Haltegriffe montiert werden. Die Dusche sollte besser nicht über einen Duschvorhang, sondern über feste Wände verfügen. Auch sollte es in individueller Höhe Ablagen für Seife, Duschgel, Shampoo usw. geben.

Haltegriff Toilette

Beim WC sollten Stützgriffe angebracht werden, die das Hinsetzen und Aufstehen wesentlich erleichtern können.

WC

Die Sitzhöhe des WC sollte hoch genug sein. Bei ungefähr 50 Zentimeter können ältere Menschen leichter aufstehen und trotzdem die Füße noch gut abstellen. Im Fachhandel gibt es auch Erhöhungen für den Toilettensitz, sodass ein Umbau nicht immer erforderlich ist.

Der Fachhandel hat oftmals einfache Hilfsmittel, sodass ein Umbau nicht immer erforderlich ist

Waschbecken

Das Waschbecken sollte unterfahrbar sein. So können sich die Bewohner auch im Sitzen waschen. Auch die Anbringung von Haltegriffen schafft zusätzliche Sicherheit. Der Spiegel über dem Waschbecken sollte dicht über dem Becken beginnen, damit die Betrachtung auch im Sitzen möglich ist.

Hohe Schränke

Hohe Schränke sind nicht altersgerecht, da der Mensch mit zunehmendem Alter etwas schrumpft. Hier hilft auch eine Leiter kaum, da das Steigen auf eine Leiter eher als Gefahr denn als Hilfe angesehen werden kann. Alle notwendigen Inhalte sollten in tieferen Fächern untergebracht werden.

Steckdosen

Üblicherweise befinden sich Steckdosen in nur 20 bis 30 Zentimeter Höhe und sind damit für Personen mit Beeinträchtigungen schwer erreichbar. Die Höhe sollte möglichst 40 Zentimeter betragen.

Lichtschalter

Die Wohnung sollte über eine ausreichende Anzahl von Lichtschaltern in 80 bis 100 Zentimeter Höhe verfügen.

Küche

Passen Sie die Arbeitshöhe in der Küche an die Körpergröße der Bewohner an. Wenn man länger vorgebeugt steht, kann das zu Rückenschmerzen führen und dadurch zu einem unsicheren Stand und erhöhter Sturzgefahr. Für Rollstuhlfahrer sollte zumindest ein Arbeitsbereich unterfahrbar sein.

Generationenvertrag in der Familie

Insbesondere im ländlichen Bereich im Zusammenhang mit Bauernhöfen ist es üblich, dass zumindest drei Generationen unter einem Dach wohnen. Die ältere Generation übergibt den Hof und auch die wesentliche Arbeit an die Kinder, die dann auch mit ihren Kindern den wesentlichen Teil von Haus und Hof übernehmen. Aber auch hier gilt es, neben möglicherweise notwendigen altersgerechten Umbauarbeiten einiges zu bedenken.

Für die abgebende Generation bedeutet die Hofübergabe, dass sie sich ein lebenslanges Wohnungsgebrauchsrecht vorbehalten sollte. Darin wird geregelt, welche Räumlichkeiten nur von ihnen betreten und welche Gemeinschaftsräume von allen Personen inkl. den Übergebern betreten werden dürfen. Dies sollten üblicherweise vorrangig Räumlichkeiten im Erdgeschoss sein, um spätere Belastungen durch Treppensteigen zu vermeiden. Von einem Betretungsrecht für alle Räumlichkeiten für die Übergeber ist eher abzuraten: Auch die junge Familie benötigt Privatsphäre.

Das Wohnrecht sollte im Grundbuch eingetragen werden und auch ein Besuchs- und vorübergehendes Beherbergungsrecht umfassen. Die laufenden Kosten und den Erhaltungsaufwand für die überlassenen Räume trägt im Normalfall der Übernehmer. Sofern auch jüngere Geschwister ein Wohnungsgebrauchsrecht erhalten sollen, empfiehlt sich eine altersmäßige Beschränkung. Sofern bereits ein Wohnungsgebrauchsrecht z.B. für die Eltern der Übergeber besteht, muss auch dieses mit dem Schenkungsvertrag übernommen werden.

Pflege

Den späteren Wohnbedarf einer Pflegeperson nicht vergessen

Für den Fall, dass der/die Übergeber aufgrund von Alter oder Krankheit pflegebedürftig werden, wird üblicherweise vereinbart, dass die Übernehmer nur für die Organisation der Pflege und nicht auch für deren Durchführung zuständig sind. Dies beinhaltet dann auch, dass die Kosten einer externen Pflege nicht vom Übernehmer getragen werden. Sofern die Pflege durch eine 24-Stunden-Kraft vorgesehen ist, ist dies auch beim Wohnungsgebrauchsrecht zu berücksichtigen, da der Pflegekraft ein eigenes Zimmer zusteht. Im Vertrag sollte festgehalten werden, dass die Pension und das Pflegegeld nur dann den Übernehmern zusteht, sofern diese die Pflege auch selbst durchführen oder dafür bezahlen.

Verpflegung

Unter dem Gesichtspunkt der Eigenversorgung sollte den Geschenkgebern ein Gebrauchs- bzw. Fruchtgenussrecht am Obst- und Gemüsegarten eingeräumt werden. Üblich sind ansonsten Regelungen zu den im Betrieb erzeugten Nahrungsmitteln, für alles Weitere hat der Übergeber in der Regel eine eigene Pension.

Mobilitätsunterstützung

Insbesondere in etwas abgelegenen Lagen ist es empfehlenswert zu regeln, dass die Übernehmer die Übergeber in späteren Jahren bei Fahrten zum Einkaufen, zum Arzt bzw. zur Apotheke, Spital, Kirche, etc. mittels Fahrtendienstes unterstützen.

Generationenvertrag abseits der Familie

Für Senioren mit größeren Häusern oder Wohnungen stellt sich nach dem Auszug der eigenen Kinder oft die Frage, was mit diesen Räumlichkeiten geschehen soll. Denn ein Umzug in kleinere Räumlichkeiten kommt oft aufgrund der liebgewonnenen Möbel und Umgebung nicht in Frage.

Eine Lösungsmöglichkeit ist die Aufnahme eines Untermieters. Zum Beispiel eines Studenten, der ja auch altersmäßig an die eigenen Kinder (in jüngeren Jahren) erinnert. Diese Idee klingt neu, ist jedoch schon langjährig erprobt. Zuerst wurde in den 1980-Jahren von „Home share"-Projekten in London berichtet, das erste Projekt in Deutschland kam dann 1992 und wurde 1995 mit einem Preis ausgezeichnet. In Münster wurde ein Projekt vom Sozialministerium NRW unterstützt, in Köln förderte die Universität die Idee „Wohnen für Hilfe".

Tausche einen Quadratmeter Wohnfläche gegen eine Stunde

Bei dieser Vermietung geht es jetzt nicht vorrangig um das Erzielen von zukünftigen Einkünften. Vielmehr wird oftmals eine geringere Miete als ortsüblich vereinbart, hierfür im Gegenzug jedoch zugleich eine unterstützende Tätigkeit vertraglich festgehalten. Oder es wird ein Quadratmeter Wohnfläche im Monat gegen eine Stunde Arbeit getauscht. Dies kann die Betreuung des Gartens ebenso sein, wie Unterstützung bei Einkäufen, gemeinsame Zeit, etc. So kommt auch etwas Abwechslung und Geselligkeit in die Wohnung/das Haus.

Tipp

Sofern eine niedrigere als ortsübliche Miete mit zusätzlichen Tätigkeiten vereinbart wird, stellt sich die Frage der Versteuerung. Hier wird wohl die zusätzliche Tätigkeit mit den monatlich zu leistenden Stunden und einem Stundensatz für Studenten als zusätzliche Mieteinnahme zu versteuern sein. Im Zweifelsfall sollte die Frage beim Steuerberater geklärt werden.

Neben sehr klaren Regeln, was gewünscht wird – wie z.B. Gartenarbeit mit Rasen mähen, Pflanzen wässern, etc. –, sollte auch im Sinne einer Hausordnung geklärt werden, was in keinem Fall gewünscht wird: laute Partys, Einzug weiterer Personen ohne Genehmigung des Vermieters, etc. Neben diesen formalen Regeln aber ist sehr wichtig, sich vorher ausgiebig kennenzulernen und ein Gefühl für die andere Person zu bekommen, schließlich wird man ja mehrere Jahre in der gleichen Wohnung verbringen.

Tipp

Klären Sie auch für Studenten typische Situationen vorher ab:

- Wann stehen größere Prüfungen oder Lernabschnitte an und reicht dann die Zeit für die vereinbarten Dienstleistungen?
- Was ist mit den Semesterferien? Will der Student oder die Studentin dann wochen- bis monatelang reisen und ist daher dann doch nicht vor Ort?

24-Stunden-Pflege

Mit dem Alter und/oder Behinderungen geht es einher, dass man nicht mehr alle Tätigkeiten alleine erledigen kann und daher auf Unterstützung angewiesen ist. Dies kann Tätigkeiten wie Kochen, Körperpflege, etc. betreffen. Ab einem gewissen Grad an Unterstützungsbedarf (siehe Pflegegeld und das System der Pflegestufen, siehe ► Seite 69) gibt der Staat finanzielle

Bei den Kosten kann man zwischen einer stundenweisen Abrechnung und Tagespauschalen wählen. Die Tages- und Stundensätze variieren mit der Art der Tätigkeit, d.h. ob es sich eher um eine Personenbetreuung oder um die Tätigkeit von medizinischem Fachpersonal handelt.

Tagesbetreuung/Tageszentren

Bei der Tagesbetreuung (auch: Tages-Pflegebetreuung) wohnt die zu betreuende Person weiterhin zu Hause und übernachtet dort auch. Tagsüber hingegen ist sie in einer Einrichtung und kann dort an den unterschiedlichsten Freizeitangeboten teilnehmen:

- Kreatives Gestalten
- Gedächtnistraining
- Diskussionen
- gemeinsames Kochen und Backen
- Frühstück, Mittagessen sowie Kaffee und Kuchen im Kreise Gleichgesinnter
- Feste feiern
- Gebets- oder Singrunden
- Entspannung und gemeinsame Spiele
- Ausflugsfahrten, etc.

Dabei kann jeder selbst entscheiden, ob er die Angebote der Einrichtung den gesamten Tag nutzen will, nur für einige Stunden oder nur halbtags am Vor- oder Nachmittag. Oftmals wird jedoch empfohlen, die Angebote an zumindest zwei Tagen in der Woche zu nutzen, da auf diese Weise die sozialen Kontakte stärker gefördert werden.

Tipp

Nutzen Sie das Angebot eines Probebesuchs. Zumeist wird ein Schnuppertag angeboten, bei dem man das Haus und die Betreuer kennenlernen kann.

Das Therapieangebot als wesentliches Entscheidungskriterium

Neben den reinen Freizeitangeboten wird je nach Tageseinrichtung auch die Möglichkeit von individuellen Pflege- und Therapiemaßnahmen (z.B. Ergotherapie, Physiotherapie, Bewegungstraining) angeboten. Einige der Tageszentren haben Spezialisten für bestimmte Krankheiten wie z.B. Schlaganfall. Ein Tageszentrum sollte daher nicht nur nach der räumlichen Nähe, sondern auch in Bezug auf das Therapieangebot ausgesucht werden.

Für gehbehinderte Personen wird in der Regel ein Fahrtendienst angeboten, d.h. die zu betreuende Person wird in der Regel mit einem behindertengerechten Auto zu Hause abgeholt und auch wieder dorthin zurückgebracht.

Die Kosten orientieren sich an dem gewählten Angebot, wobei Mahlzeiten und Fahrtendienste gesondert verrechnet werden. Oftmals orientieren sich die Kosten auch am Einkommen, der anrechenbaren Miete und dem Pflegegeld.

Tipp

Einige Tageszentren haben nur werktags geöffnet, andere auch am Wochenende. Hier sollte jeder selbst entscheiden, was für einen wichtig ist und was man sich leisten kann. Wichtig erscheinen neben den Freizeitangeboten insbesondere die sozialen Kontakte, die durch diese Tagesangebote sehr stark unterstützt werden.

Für die pflegenden Angehörigen bietet ein Tageszentrum Unterstützung und Entlastung. Es ist gut, die Mutter oder den Vater tagsüber in „guten Händen" zu wissen. Dadurch gibt das Tageszentrum den Kindern sogar die Möglichkeit, trotz Pflegeaufgaben einem Beruf nachzugehen oder einzelne „pflegefreie Tage" zu gewinnen. Diese „Ruhetage" sind für die Regeneration und das Aufrechterhalten eines eigenen Alltags sehr wichtig. Auch gibt es in den Tageszentren zumeist ein Beratungsangebot für pflegende Angehörige, z.B. für die Pflege zu Hause. Auch Erfahrungsaustausch mit den Angehörigen anderer Besucher ist mitunter möglich.

Abend- und Nachtbetreuung

Jeder Mensch ist individuell und einzigartig, dementsprechend unterscheiden sich auch die Bedürfnisse im Alter. Und entsprechend vielfältig sind die Betreuungsangebote, mit denen den älteren Menschen und ihren Angehörigen geholfen werden soll.

Die Betreuungsangebote sind so unterschiedlich wie die Bedürfnisse

Abendbetreuung

Die Abendbetreuung (Abendpflege) soll pflegenden Angehörigen die Möglichkeit eines Abends nach eigenen Vorstellungen geben. Ein Theaterbesuch, Treffen mit Freunden, Vereinstreffen, etc., die Anlässe können vielfältig sein. Wichtig ist in jedem Fall, dass die Angehörigen in einer stundenweisen Auszeit etwas entspannen und durchatmen können. Die Abendbetreuung kann an einem oder mehreren Tagen in der Woche, regelmäßig oder anlassbezogen vereinbart werden. Übliche Zeiten sind 19 bis 22 Uhr, aber auch hierbei sind individuelle Vereinbarungen möglich.

Nachtbetreuung

Mit der Nachtbetreuung (Nachtpflege) wird auf die speziellen Bedürfnisse der Betreuungskunden in der Nacht eingegangen. Grundgedanke ist, dass durch die Anwesenheit eines qualifizierten, selbstständigen Personenbetreuers den Menschen Ruhe und Sicherheit vermittelt und damit ein erholsamer Schlaf ermöglicht wird. Übliche Zeiten sind 22 bis 6 Uhr, wobei auch zusätzliche Zeiten für das Zu-Bett-bringen, Hilfen beim Aufstehen oder Verabreichung des Frühstücks vereinbart werden können. Oftmals wird die Nachtbetreuung nur als Bereitschaftsdienst und nicht als ständiger Anwesenheitsdienst angeboten.

Tipp

Die Verrechnung erfolgt zumeist auf Stundenbasis, wobei der Stundensatz für einen Bereitschaftsdienst in der Nacht entsprechend günstiger ist. Hinzu gerechnet werden muss dann noch ein Agenturbeitrag für die Vermittlung der Betreuungspersonen. Lassen Sie sich vorher immer ein Angebot machen.

Kurzzeitpflege/Ersatzpflege

Oftmals ergibt sich nach einem Krankenhausaufenthalt oder einer Rehabilitation der Bedarf einer zusätzlichen Pflege, bevor der Pflegebedürftige wieder in die eigene Wohnung zurückkehrt und dort möglicherweise von Angehörigen weiter betreut wird. Dafür wurde die Möglichkeit geschaffen, dass Pflegebedürftige bis zu 28 Tage im Kalenderjahr zu besonderen finanziellen Konditionen in einem Pflegeheim versorgt werden („Übergangspflege").

Die Kosten variieren je nach Bundesland und Pflegestufe. Für Pflegestufe 3 sind rund 90 Euro zu kalkulieren, für Pflegestufe 7 rund 190 Euro, bei Nutzung eines Einzelzimmers plus Einzelzimmerzuschlag.

Zur Entlastung und Erholung von pflegenden Angehörigen können Pflegebedürftige bis zu 42 Tage im Kalenderjahr zu besonderen finanziellen Konditionen vorübergehend in einem Pflegeheim untergebracht werden. Diese 42 Tage „Urlaub von der Pflege" können auch über das Jahr verteilt in Anspruch genommen werden. Voraussetzung bei beiden Formen der Kurzzeitpflege ist, dass der Pflegebedürftige anschließend wieder in die häusliche Pflege zurückgeht.

Zuständige Stelle für einen Antrag ist die jeweilige Bezirkshauptmannschaft (Wien: Magistrat) bzw. das Gemeindeamt. Die Suche nach einem geeigneten Pflegeplatz muss jedoch vom Pflegebedürftigen bzw. seinen Angehörigen selbst vorgenommen werden. Das Pflegeheim kennt auch die genauen Bedingungen im Bundesland und kann bei der Antragstellung helfen.

Der Pflegebedürftige muss für den Pflegeplatz bis zu 80 Prozent seiner Pension und das Pflegegeld (abzgl. einem Taschengeld von 45,99 Euro) bezahlen, anteilig auf den Tag gerechnet. Die verbleibenden Kosten werden übernommen.

Wundmanagement

Der Ursache von Wunden auf den Grund gehen

Aufgrund von z.B. Durchblutungsstörungen, Diabetes, einer Schwäche des Immunsystems oder dem Wundliegen bei einem Krankenhausaufenthalt entstehen leicht chronische Wunden, d.h. Wunden, die sich langsam entwickeln und lange bestehen bleiben. Oft führen auch Entzündungen zu einer Verzögerung der Wundheilung. Dabei kann es zu Wundgeruch kommen. Ursache hierfür sind häufig Bakterien, deren Enzyme Fettsäuren und andere Komponenten zerlegen. Dabei werden Ammoniak und andere unangenehm riechende Substanzen frei. Wundexperten haben eine fachspezifische Vorausbildung, z.B. als

- Arzt
- Apotheker
- CTA (Chirurgisch Technischer Assistent)
- COA (Chirurgisch Operativer Assistent)
- Diabetesberater
- Medizinischer Fachangestellter
- Heilpraktiker
- Podologe

Wundexperten übernehmen die Versorgung der Wunde, die Wunddokumentation sowie die Kausal- und Begleittherapie. Sie arbeiten beispielsweise als Wundberater in stationären und ambulanten Einrichtungen, in einer Wundambulanz oder einem Wundzentrum.

Tipp

Jede schlecht verheilende und länger andauernde Wunde sollte durch einen Experten im Wundmanagement untersucht und behandelt werden. Oftmals ist es möglich, dass die Behandlung im eigenen Heim stattfindet. In jedem Fall muss geklärt werden, warum es nicht zu einer normalen Wundheilung gekommen ist (z.B. Diabetes), um mit einer Ursachenbehebung zukünftig schwere Wundverläufe zu verhindern.

Palliative Pflege

Die Weltgesundheitsorganisation (WHO) hat im Jahr 2002 den Begriff Palliative Pflege (Palliativ Care) definiert: „Palliative Care ist ein Ansatz zur Verbesserung der Lebensqualität von Patienten und ihren Familien, die mit Problemen konfrontiert sind, die mit einer lebensbedrohlichen Erkrankung einhergehen, und zwar durch Vorbeugen und Lindern von Leiden, durch frühzeitiges Erkennen, Einschätzen und Behandeln von Schmerzen sowie anderer belastender Beschwerden körperlicher, psychosozialer und spiritueller Art."

Palliative Pflege setzt dann an, wenn Krankheitsverläufe und Symptome nicht mehr ursächlich therapiert werden können. Ziel der palliativen Pflege ist die Erhaltung bzw. die Wiederherstellung eines erträglichen, symptomfreien bzw. symptomarmen Lebens. Der Patient soll trotz seiner Krankheit am täglichen Leben teilhaben können.

Im Mittelpunkt der Arbeit steht der schwerstkranke und sterbende Mensch mit seinen Wünschen und Bedürfnissen. Oftmals wird der Wunsch geäußert, bis zum Lebensende zu Hause oder im vertrauten Umfeld bleiben zu können. Dies zu ermöglichen, ist eine der wesentlichen Aufgaben der ambulanten Hospizdienste.

Palliative Pflege integriert psychische Aspekte und orientiert sich nicht nur am Patienten, sondern steht den Angehörigen und Freunden bei der Verarbeitung von psychischen Problemen während der Krankheit bis hin zum Tod des Patienten zur Verfügung. Die Begleitung und Unterstützung der Angehörigen endet nicht mit dem Tod, sondern wird auf Wunsch der Angehörigen auch in der Zeit der Trauer weitergeführt. In der Regel werden daher ebenfalls Trauerberatung oder auch Trauergruppen angeboten. Zusätzlich werden oft auch Beratung und Informationsveranstaltungen zu den Themen Sterben, Tod und Trauer durchgeführt (siehe auch Mobile Hospizdienste, siehe ► Seite 45).

Nutzung Mobiler Dienste

Durch die Nutzung mobiler Dienste weiterhin zu Hause wohnen

Besuchsdienste

Oftmals fühlen sich ältere alleinstehende Menschen im eigenen Heim zwar wohl, jedoch auch einsam. Hier kann ein professioneller Besuchsdienst (oft gemeinsam mit dem Begleitdienst) helfen. Die Mitarbeiter haben ein offenes Ohr für die Anliegen, gehen im Gespräch auf die älteren Bürger ein, stehen auch für Spaziergänge oder gemeinsame Kartenspiele, etc. zur Verfügung. Zu den Kosten und Förderungen siehe Folgepunkt.

Begleitdienste

Der Begleitdienst unterstützt Menschen, denen es aufgrund von körperlichen oder psychischen Beeinträchtigungen schwerfällt, ihre Wohnung alleine zu verlassen. Geschulte Betreuer begleiten die zu unterstützende Person zu vereinbarten Terminen, zumeist an den Werktagen von Montag bis Freitag. Zweck der Begleitdienste sind z.B. Arztbesuche, dringende Erledigungen in der Apotheke oder bei der Bank, Physiotherapie, etc. Einzelne Tätigkeiten wie Bankgeschäfte oder Apothekenbesuche können auch ohne Begleitung der zu unterstützenden Person übernommen werden, sofern aufgrund der Beeinträchtigungen keine Begleitung möglich ist.

Die Besuchs- und Begleitdienste werden zum Teil gefördert. Der Fonds Soziales Wien benennt hier folgende Organisationen mit Förderung:

- Arbeiter-Samariter-Bund Wien
- Care Systems Gemeinnütziger Verein
- Caritas Socialis
- FSW – Wiener Pflege- und Betreuungsdienste GmbH
- ÖJAB Hauskrankenpflege Stpk Neumargareten
- Seniorenhilfe Junge Panther
- SONORES Pflege & Betreuung
- Soziale Dienste der Adventmission gemeinnützige GmbH
- Volkshilfe Wien
- Wiener Hilfswerk
- Wiener Rotes Kreuz
- Wiener Sozialdienste Alten- und Pflegedienste GmbH

Folgende weitere Organisationen bieten Besuchs- und Begleitdienste ohne Förderung an:

- SMID-KRIM, Sozialmedizinisches Nachbarschaftszentrum Döbling-Krim
- SMIR Sozial-Medizinische Initiative Rodaun
- Kaisermühlner Nachbarschaftshilfe

Tipp

Klären Sie immer vor einer Beauftragung, zu welchem Preis die Leistungen angeboten werden. Und natürlich auch, welche Förderungen z.B. bei kleineren Pensionen den Preis weiter senken können.

Einkaufsdienste

Lieferung der Lebensmittel zum Kochen oder fertige Speisen, beides ist möglich

Noch vor Jahren gab es sie nicht, inzwischen bietet es jede größere Supermarktkette an: Bequem Lebensmittel im Internet bestellen und nach Hause liefern lassen. Sehr praktisch nicht nur bei schweren Getränkeflaschen, sondern auch für eine Vielzahl von Waren gut geeignet. Neben einer kleinen Zustellgebühr gibt es aber natürlich noch einen größeren Nachteil: Üblicherweise hat jede Supermarktkette einige Schnäppchen im Angebot, während andere Waren oft teurer sind als beim Mitbewerber. Man hat also die Wahl: Entweder alles bei einem Lieferanten kaufen und nur einmal die Zustellgebühr bezahlen oder mehrere Zustellgebühren, dafür aber bei jedem Anbieter die Schnäppchen mitnehmen.

Essen auf Rädern

Dies ist eine Service-Leistung, die insbesondere von Alleinstehenden, Personen mit wenig Kocherfahrung bzw. mit Handicap genutzt wird. Alle großen Sozialeinrichtungen sind mit unterschiedlichen Angeboten am Markt:

- Lieferung einmal die Woche tiefgekühlt, dafür sehr preiswert mit Hauptspeisen unter vier Euro
- Wochenpaket für den Kühlschrank mit Hauptspeisen um fünf Euro
- tägliche Lieferung mit Hauptspeisen um zehn Euro

Geboten werden umfangreiche Speisepläne auch mit veganer, vegetarischer und leichter Kost, jeweils mit Deklaration der enthaltenen Allergenstoffe. Neben diesem typischen Essen auf Rädern gibt es natürlich auch die Zustelldienste, die das Essen vom Lieblingsrestaurant abholen und zustellen. Die Preise für die Speisen bestimmen Sie mit Ihrer Auswahl selbst, hinzu kommt in der Regel eine separat zu bezahlende Zustellgebühr.

Fahrten- und Transportdienste

Fahrten- und Transportdienste dienen üblicherweise zum Besuch von Ärzten oder Therapien, sofern ein eigenständiger Besuch nicht möglich ist. Damit diese von der Krankenkasse bezahlt werden, muss diese einen Antrag bewilligen, in welchem der persönliche Arzt die Notwendigkeit für den Fahrten- bzw. Transportdienst bescheinigt hat. Als Voraussetzung benennt z.B. die Gebietskrankenkasse:

- Beförderung von oder zu einer medizinisch notwendigen Behandlung, Untersuchung, Zahnbehandlung oder Zahnersatz in der Stadt bzw. nahen Umgebung
- wegen der Erkrankung oder des Gebrechens kann kein öffentliches Verkehrsmittel (Bus, Straßenbahn, U-Bahn usw.) benützt werden
- aufrechter Versicherungsschutz

Folgende Serviceleistungen sind vertraglich sichergestellt:

- Der Fahrer des Fahrtendienstes hilft beim Abholen von der Wohnung und bei der Rückbeförderung (z.B. Begleitung in die Wohnung usw.).
- Für Rollstuhlfahrer und besonders bewegungseingeschränkte Personen stehen moderne Spezialfahrzeuge zur Verfügung.
- Die Fahrtendienste stehen an allen Tagen zu jeder Tages- und Nachtzeit zur Verfügung.
- Die Bewilligung gilt nur für Beförderungen zu jenen Untersuchungen und Behandlungen, die ausdrücklich im Antrag angeführt sind. Die Genehmigung für Hin- und Rückfahrten ist zwei Monate ab dem Bewilligungsdatum gültig.
- Grundsätzlich kann nur die Fahrt vom Abholungsort bis zu der Behandlungsstelle genehmigt werden, die dem Abholungsort am nächsten liegt. Aus speziellen medizinischen Gründen kann im Einzelfall aber anders entschieden werden.

Die Krankenkassen arbeiten jeweils mit bestimmten Fahrdienstunternehmen zusammen, der Patient hat hier keine Wahlmöglichkeit. Auch kann es zu „Sammel-Transporten" für mehrere Personen kommen.

Haus- und Gartenservice

Den Garten genießen ohne die notwendigen Arbeiten selbst machen zu müssen

Möglicherweise haben Sie das Glück, sich über ein eigenes Haus und einen eigenen Garten zu freuen. Aber nicht mehr die Beweglichkeit und Kraft, sich auch wie bisher um Reparaturen, den Rasen- und Baumschnitt zu kümmern. Beim Hausservice könnte z.B. eine jährliche Begehung des Hauses durch den Experten einer Hausverwaltung inklusive Beauftragung und Kontrolle von Handwerkern in Anspruch genommen werden. Diese bieten auch – wie auch Gärtnereien bzw. Gartenbaubetriebe – eine Versorgung von Grünflächen und Bäumen an. Ebenso werden diese Dienste zum Teil von den Sozialhilfeorganisationen angeboten.

Hauskrankenpflege

Bei der Hauskrankenpflege kommt diplomiertes Gesundheits- und Krankenpflegepersonal sowie Pflegeassistenz/Pflegeassistenten in die Wohnung des Patienten. Diese helfen unter anderem bei der richtigen Einnahme von Medikamenten, erneuern Verbände, verabreichen Injektionen

Nachbarschaftshilfe

Nachbarn können helfen beim Einkaufen, beim Gassi gehen mit den Hunden oder bei Besuchsdiensten, in Corona-Zeiten aber immer mit Sicherheitsabstand. Hier fallen einem zuerst einmal die direkten Nachbarn aus dem Haus oder im ländlichen Bereich aus der Straße ein. Daneben gibt es aber zumeist auch von der Stadt und den Sozialhilfeorganisationen Initiativen, die Hilfsbedürftige und Hilfsbereite durch Vermittlung zusammenbringen möchten. Fragen Sie einmal in Ihrer Gemeinde nach, ob es eine derartige Initiative bereits gibt oder sie jemand gründen möchte.

Reparaturdienste

Reparatur- und Wartungsdienste für die Therme, Wasch- und Spülmaschine, Heizung, etc. finden Sie im Telefonbuch und im Internet. Verbunden ist dies oft mit der Unsicherheit, ob es sich um eine seriöse und kostengünstige Firma handelt.

Tipp

Besondere Vorsicht ist bei 24-Stunden-Notdiensten ohne Firmenanschrift geboten. Am besten erkundigen Sie sich noch vor Eintreten eines Notfalls, welche Dienstleister in Ihrer Nähe als seriöse Firmen vertrauenswürdig sind. Informieren Sie sich auch vorab über Angebote der Sozialhilfeorganisationen, die mitunter ebenfalls solche Dienste anbieten bzw. vermitteln.

Wäschedienste

Viele „kleine" Helfer, die das Leben wesentlich erleichtern

Darunter versteht man die Abholung der Wäsche, das Waschen und Bügeln, Zusammenlegen sowie das Zurückbringen. Aber auch kleinere Reparaturen können mit im Leistungsumfang enthalten sein. Auch diese Dienste werden oft von den Sozialhilfeorganisationen angeboten.

Tipp

Zum Teil gibt es Förderungen, wenn ein besonderer Bedarf festgestellt wird. Der Fonds Soziales Wien verrechnet in diesem Fall nur die Wäsche und eventuelle Reparaturen, für den Hol- und Bring Service wird jedoch nichts verrechnet. Fragen Sie in jedem Fall nach den Kosten für den Service, Kostenermäßigungen und auch nach den Kosten der beauftragten Wäscherei.

Wohnungsreinigungsdienste

Sie haben sich bisher selbst um die Wohnungsreinigung gekümmert oder Ihre bisherige Putzhilfe ist in Pension gegangen? Jetzt ist guter Rat gefragt, handelt es sich bei der Wohnungsreinigung doch auch um eine Vertrauenssache. Wenn man also nicht von sehr guten Freunden bzw. Verwandten deren eigene Reinigungskraft empfohlen bekommt, an wen kann man sich vertrauensvoll wenden? Hier bieten sich wieder die Sozialhilfeorganisationen an, die oft eigene Wohnungsreinigungsdienste anbieten. Zwar kennen Sie dann (noch nicht) die handelnde Person persönlich, haben aber aufgrund des Vertrauens in die Sozialhilfeorganisation eine gewisse Sicherheit.

Betreutes Wohnen

Betreutes Wohnen (auch: Senioren-Wohnanlage, Altenwohnheim) bietet den Bewohnern die Möglichkeit, in einer eigenen Wohnung innerhalb eines gemeinsamen Hauses oder einer Wohnanlage zu wohnen. Je nach Bedarf können dann einzelne Dienstleistungen hinzugekauft werden. Betreutes Wohnen unterliegt in Österreich keinen gesetzlichen Rahmenbedingungen, sodass jeder Anbieter mit einem eigenen Angebot am Markt eigene Schwerpunkte setzen kann. Es bestehen daher zum Teil große Unterschiede bei den angebotenen Dienstleistungen und Services.

Da es sich um ein eigenes Haus oder eine Wohnanlage handelt, erfordert dies immer den Umzug von der eigenen Wohnung in dieses Haus/diese Anlage. Dies wird zumeist so frühzeitig gemacht, dass ein jahrelanges unbeschwertes Leben in der Anlage möglich ist. Einschränkungen der bisherigen Wohnung/des bisherigen Hauses wie Treppen, großer Garten (der nicht mehr selbst gepflegt werden kann), zu viele Zimmer, dezentrale Lage, etc. kann so frühzeitig begegnet werden, bevor diese Faktoren zur Belastung werden.

Wohnungen in fußläufiger Entfernung vom Stadtzentrum

Betreutes Wohnen kann in Form von Eigentumswohnungen oder Mietwohnungen stattfinden. Zumeist ist die Anlage sehr zentral und stadtnah, sodass die Bewohner fußläufig Geschäfte, Kirche, Ärzte, etc. erreichen können. Auch ist die Anlage im Außenbereich zumeist mit Grünflächen zum Verweilen ausgestattet. Im Innenbereich sind alle Räumlichkeiten barrierefrei erreichbar und behindertengerecht ausgestattet: keine Stufen, breite Türen, Aufzüge, automatisch öffnende Türen, etc. In der Regel gibt es einerseits einen Empfang, der auch für Sicherheit der Bewohner sorgt. Andererseits auch einen Gemeinschaftsraum mit angeschlossener Küche. Hier können die Bewohner selbst eigene Feiern gestalten oder auch am Rahmenprogramm der Einrichtung teilnehmen: Gymnastikkurse, Singen, etc. Das Angebot ist nach Anbietern und auch in Abhängigkeit von den Bewohnern unterschiedlich.

Die Wohnungen sind unterschiedlich in der Größe konzipiert, jedoch handelt es sich zumeist um zwei bis drei Zimmer, die alle behindertengerecht ausgestattet sind: breite Türen, zum Teil Schiebetüren, ebenerdiger Übergang zu Balkon oder Terrasse, behindertengerechtes Bad, Notruf. Bei den Eigentumswohnungen ist im Kaufpreis eine Grundausstattung an Küche, etc. mit enthalten, die gegen Aufpreis mit höherwertigen Geräten ausgestattet werden kann. Auch kann ein Garagenplatz in der Tiefgarage hinzu erworben/gemietet werden.

Die Nebenkosten der Wohnungen sind üblicherweise höher als bei normalen Wohnungen. Dies liegt einerseits am Empfang („Concierge-Service"), an den großzügigen Allgemeinflächen (Aufenthaltsraum, Außenflächen) und am angebotenen Programm. Mit zunehmender Last des Alters können dann weitere Services im Bausteinprinzip hinzugekauft werden.

Als Beispiele für Betreutes Wohnen in Österreich benennt www.oesterreich.gv.at folgende Angebote:

- Kuratorium Wiener Pensionisten-Wohnhäuser (Wien). Hier werden Einzel- und Doppelappartements mit der Möglichkeit der Nützung von Gemeinschaftsräumen, Freizeiteinrichtungen, Serviceleistungen (z.B. wöchentliche Reinigung, kleinere Reparaturen) und fünf Mahlzeiten am Tag angeboten. Zusätzliche Angebote gibt es gegen Aufpreis.
- Angebote von Hilfsorganisationen (z.B. Diakonie, Volkshilfe, Caritas, Hilfswerk, Sozial Global)
- private Anbieter

Tipp

Betreutes Wohnen ist eine gute Möglichkeit für Personen, die alleine oder mit dem Partner im Umfeld von Gleichaltrigen statt in einer anonymen Einzelwohnung leben möchten. Die Bewohner genießen hier die Kombination des eigenen privaten Umfelds mit der Möglichkeit des Zusammenseins mit anderen Senioren und altersgerechten Angeboten. Oft gibt es ein Mindest-Lebensalter für Interessenten. Die Haltung von Tieren ist in der Hausordnung geregelt.

Seniorenresidenz

Seniorenresidenzen bieten ein hochkarätiges Leistungsangebot

Seniorenresidenzen sind eine weitere Möglichkeit des Lebens und Wohnens im Alter. Geeignet sind sie ebenfalls für Alleinstehende oder auch Paare, die den Alltag nicht mehr in gewohnter Weise genießen können, sich von Krankheiten oder Operationen erholen müssen oder zum Lebensabend hin den Luxus einer hochkarätigen Rundum-Betreuung wünschen.

Seniorenresidenzen bieten üblicherweise eine Vielzahl an Freizeit- und Serviceangeboten unmittelbar im Haus an: Gymnastikräume, Malzimmer, Schwimmbäder, Wellnessbereiche, Sauna, ein hauseigener Frisör, aber auch Restaurants und Cafés sowie Einkaufsmöglichkeiten. Daneben werden auch Ausflüge, Vorträge oder verschiedenste Kurse angeboten, um für jeden Bewohner ein passgenaues Angebot bieten zu können. Weiterhin gibt es üblicherweise eine erstklassige medizinische Versorgung und Betreuung beziehungsweise Pflege genau dort, wo sie gebraucht wird. Dies bedeutet oft auch, dass die individuelle Pflege bzw. Physiotherapie direkt in den Wohneinheiten durchgeführt wird. Hierbei steht es jedem Bewohner frei, welche der Angebote er in Anspruch nimmt und welche nicht.

Tipp

Viele Residenzen bieten Probe- und Urlaubswohnen an, sodass man sich vor einem Umzug einen besseren Eindruck von den Angeboten machen kann. Oftmals zahlt die zweite Person in der Wohnung ein geringeres Entgelt.

Bei den Wohneinheiten handelt es sich um unterschiedlich angelegte Mietwohnungen. Zumeist ist es möglich, eigene Möbel mitzubringen, auch eine Haustierhaltung ist oftmals möglich. Die Stadt Wien benennt folgende Preise für eine Grundversorgung in einer Seniorenresidenz (Quelle: https://www.stadt-wien.at/wien/soziales-buerokratie/seniorenresidenz-sicheres-und-selbststaendiges-leben-im-alter.html):

- **1-Zimmer-Appartment.** Größe ab 29 m^2, Kosten ab ca. 2.000 Euro/Monat
- **2-Zimmer-Appartment.** Größe ab 45 m^2, Kosten ab ca. 3.000 Euro/Monat
- **3-Zimmer-Appartment.** Größe ab 70 m^2, Kosten ab ca. 3.900 Euro/Monat

Tipp

Fragen Sie immer, was in dem Mietpreis enthalten ist und für welche Leistungen allenfalls Extrakosten anfallen können.

Alten-Wohngemeinschaft

Bei einer Alten-Wohngemeinschaft (auch: Senioren-Wohngemeinschaft, Senioren-WG) teilen sich mehrere alte Menschen eine Wohnung bzw. ein Haus. Die Allgemeinflächen wie Küche, Bad, Garten und Wohnzimmer werden gemeinsam genutzt, darüber hinaus hat jeder Bewohner ein eigenes Zimmer. Ziel der Wohngemeinschaft ist das Zusammensein mit Gleichaltrigen, die sich gegenseitig unterstützen und in ihren Gewohnheiten ergänzen. So ist der eine Bewohner möglicherweise ein begnadeter Hobby-Koch, der aber nicht nur für sich kochen möchte. Und andere Bewohner sind gute Genießer, in der Küche aber fehl am Platze.

Eine Wohngemeinschaft wird zumeist in „noch jungen Jahren" rund um den Pensionsantritt gegründet. In diesem Alter kann man auch außerhalb der Räumlichkeit viel miteinander unternehmen. Wird dann nach einigen Jahren einer oder werden mehrere Bewohner stärker pflegebedürftig, kann man sich zuerst selbst unterstützen und die Pflege dann nach und nach z.B. an mobile Hilfsdienste (siehe Nutzung Mobiler Hilfsdienste) abgeben.

Zum Wohl aller wird nicht jeder Interessent genommen

Der wohl bekannteste Gründer einer Alten-Wohngemeinschaft ist der ehemalige Bürgermeister der Stadt Bremen in Deutschland: Henning Scherf (Jahrgang 1938). Bereits im Jahr 1987 gründete er mit seiner Frau und vier weiteren Ehepaaren eine Senioren-WG, in der er auch heute noch lebt. Das Haus wurde seinerzeit von den Senioren behindertengerecht geplant und hat u.a. einen Fahrstuhl.

Alten-Wohngemeinschaften können von den Senioren vollkommen selbstständig betrieben werden oder werden auch von Hilfsorganisationen angeboten. Das Hilfswerk benennt für eigene Senioren-Wohngemeinschaften folgende Aufnahmebedingungen:

- keine primären psychischen Probleme oder Suchtprobleme
- keine Rund-um die Uhr-Betreuung notwendig
- Mobilität
- Wunsch, in einer Gemeinschaft zu leben
- Probezeit

Tipp

Für Wohngemeinschaften werden auch Besichtigungsmöglichkeiten angeboten, so kann man sich schon vor der Probezeit einen Eindruck von der Einrichtung und der Gemeinschaft machen.

Wohngemeinschaft für Jung und Alt

Die Alten-Wohngemeinschaft ist gut geeignet für Menschen, die den Umgang mit Gleichaltrigen suchen. Aber was ist mit denjenigen, die lieber einen bunten Mix an Generationen wie in einer Großfamilie bevorzugen? Hier bietet sich eine Wohngemeinschaft für Jung und Alt an. Dies kann in einer gemeinsamen Wohnung mit separaten Zimmern ebenso sein wie bei einem Haus mit mehreren (kleineren) Wohnungen oder auch ein Wohnblock, in welchem die Wohnungen gezielt sowohl an ältere wie jüngere Menschen vergeben werden.

Wichtig ist jeweils, dass alle Beteiligten den festen Wunsch nach einem generationsübergreifenden miteinander leben haben. Jung und Alt helfen dabei einander gegenseitig und übernehmen Aufgaben, z.B:

- Senior als Babysitter
- Senior als Hausaufgabenbetreuer
- Senior als Lebensberater
- Junior als Unterstützer bei Mobilität, Einkäufen, etc.
- alle gemeinsam bei Haus- oder Straßenfesten, der Bewirtschaftung des Gartens, etc.

In Wien ist seit 2020 das Start-up-Unternehmen „Wohnbuddy" aktiv, welches als Vermittlungsplattform Wohnraumanbieter (zumeist ein Senior) und Wohnraumnachfrager (zumeist ein Junior) zusammenbringt. Einem Algorithmus folgend werden die persönlichen Vorlieben von Anbietern und Nachfragern abgeglichen. Ein Theaterfreund trifft so einen Studierenden der Theaterwissenschaften, der Italienfreund einen Italiener, etc. Im Erfolgsfall wird dann eine Vermittlungsprovision fällig.

Altenheim

Mit zunehmendem Alter wird es für alle Menschen wahrscheinlicher, betreuungs- und/oder pflegebedürftig zu werden. Sofern der persönliche Betreuungs-/Pflegebedarf dann auch durch mobile soziale Dienste nicht mehr abgedeckt werden kann, ist es möglich, in ein Alten- oder Pflegeheim zu übersiedeln. Bei der Aufnahme in ein Pflegeheim gilt das Prinzip der Freiwilligkeit, d.h. dass man nur mit ausdrücklicher eigener Zustimmung aufgenommen werden kann.

Die Voraussetzungen für die Aufnahme in ein Altenheim sind in Wien wie folgt, in anderen Bundesländern aber wohl vergleichbar:

- Einverständnis der betreuungsbedürftigen Person
- österreichische Staatsbürgerschaft oder Gleichstellung
- Hauptwohnsitz und/oder tatsächlicher Aufenthalt in Wien

Ohne eigene Zustimmung geht gar nichts!

Eine bestimmte Pflegestufe ist nicht erforderlich. Häufig kommt es zu einem Umzug ins Altenheim, wenn man in einem Haus ohne Lift wohnt und das Treppensteigen immer beschwerlicher wird.

Tipp

Um einen Platz in einem Altenheim sollte man sich frühzeitig kümmern. Oftmals gibt es lange Wartefristen.

Häufig werden von einem Träger Einrichtungen mit Angeboten eines Altenheims und zugleich mit Angeboten eines Pflegeheims angeboten. Hierdurch ist es bei erhöhtem Pflegebedarf möglich, vom Alten- in das Pflegeheim zu wechseln. Altenheime bieten zumeist auch Angebote für eine kurze Dauer an:

- Übergangspflege
- Kurzzeitpflege
- Urlaubspflege

Durch diese Kurzzeitangebote kann man auch in mehrere Einrichtungen hineinschnuppern, um das für einen selbst am besten geeignete Haus zu finden.

Die Kosten variieren sehr stark in Abhängigkeit davon, ob es sich um einen privaten oder öffentlichen Träger handelt und vom Grad der Pflegebedürftigkeit. Zumeist wird hier mit einem Grundbetrag und Zuschlägen in Abhängigkeit von der Pflegestufe gerechnet. Die Kosten werden üblicherweise durch die Pension, das Pflegegeld und notfalls durch Sozialhilfe/Mindestsicherung beglichen. Der pflegebedürftigen Person verbleiben in diesem Fall 20 Prozent der Pension und 46,70 Euro Taschengeld aus dem Pflegegeld.

Tipp

Bis Ende 2017 gab es in einigen Bundesländern noch den Pflegeregress, d.h. den Zugriff auf das Vermögen von

- in stationären Pflegeeinrichtungen aufgenommenen Personen,
- deren Angehörigen,
- Erben sowie
- Geschenknehmern

zur Abdeckung der Pflegekosten. Ab dem 1.1.2018 dürfen Ersatzansprüche nicht mehr geltend gemacht werden, wobei diese Regelung nur für stationäre Einrichtungen gilt.

Der Pflegeregress wurde nur für stationäre Einrichtungen abgeschafft

Bei der Anmeldung benötigen Sie neben der Anmeldung folgende Unterlagen:

- ärztliches Attest/Befundbericht
- persönliche Daten des Antragstellers
  - Nachweis der Staatsbürgerschaft
  - Meldezettel
  - Heiratsurkunde bei aufrechter Ehe, Partnerschaftsurkunde
  - Sterbeurkunde des Ehepartners bzw. des eingetragenen Partners
  - Scheidungsurkunde mit Vergleichsausfertigung bzw. Auflösungsentscheidung
- Einkommen
  - aktueller Einkommensnachweis (z.B. Lohn-, Gehaltszettel, Pensionsbescheid, Nachweis über AMS-Bezug bzw. Mindestsicherung, Kinderbetreuungsgeld, Wochengeld, Rente; auch aus dem Ausland)
  - Nachweis über Miete, Wohnkosten- und Mietbeihilfen und/oder sonstige Beihilfen
  - Nachweis über sonstige Einkünfte (z. B. aus Kapitalvermögen, aus Vermietung/Verpachtung, Leibrente...)
  - Nachweise über pflegebezogenen Aufwand
  - Nachweis über bestehende Unterhaltsverpflichtungen und Unterhaltsberechtigungen (z. B. Scheidungsdokumente bzw. Nachweis über die Auflösung einer eingetragenen Partnerschaft)
- Pflegegeld
  - Bescheid über die Zuerkennung von Pflegegeld
  - Nachweis über einen Pflegegelderhöhungsantrag bzw. eine Pflegegeldklage
- unterhaltsberechtigte/unterhaltspflichtige Angehörige
  - bei Ehe oder eingetragener Partnerschaft: Nachweis über sämtliche Einkünfte des Partners
  - bei minderjährigen Kindern: Nachweis über alle Einkünfte der Eltern sowie der Miete/Betriebskosten.

Diese Unterlagen dienen einerseits dazu, um zu prüfen, ob die Voraussetzungen (Meldezettel, Staatsbürgerschaftsnachweis) für den Aufenthalt in einem Altenheim gegeben sind, andererseits dienen sie der Prüfung, welche Quellen zur Finanzierung der Kosten des Pflegeplatzes zur Verfügung stehen. Dies können neben dem Einkommen, der Pension und dem Pflegegeld auch Einkünfte aus Kapitalerträgen oder Unterhaltsansprüchen sein.

Pflegeheim

Ein Pflegeheim (auch: Altenpflegeheim) ist oftmals eine gute, oft auch die einzige Alternative für ältere Personen, die stark pflegebedürftig sind und für die eine Pflege durch Angehörige oder eine 24-Stunden-Kraft nicht möglich ist.

Wenn eine Pflege durch Angehörige und im eigenen Heim nicht mehr möglich ist

Die Voraussetzungen für die Aufnahme in ein Pflegeheim sind in Wien wie folgt, in anderen Bundesländern aber wohl vergleichbar:

- Einverständnis der pflegebedürftigen Person
- Die pflegebedürftige Person kann zu Hause nicht mehr betreut werden bzw. es reicht das Angebot der ambulanten Pflege und Betreuung nicht mehr aus
- Pflege- und Betreuungsbedarf gemäß Pflegegeldbezug mindestens der Stufe 3 bzw. ein entsprechender Bedarf
- österreichische Staatsbürgerschaft oder Gleichstellung
- Hauptwohnsitz und/oder tatsächlicher Aufenthalt in Wien

Die notwendigen Unterlagen sind mit denen bei Altenheimen identisch, auch die dort gemachten Aussagen zu den Kosten gelten entsprechend hier.

Rechtliche Vorsorge

– Vorsorgevollmacht
– Erwachsenenvertreter
– Patientenverfügung

Das Älterwerden betrifft nicht nur das Wohnen und Leben im Alter, sondern berührt auch viele rechtliche Fragen. Der Gesetzgeber hat hier zwar Gesetze und Regeln erlassen, jedoch können die Bürger (nicht erst im Alter) im Vorhinein weitgehend selbst bestimmen, wer sich um die eigenen Belange kümmern soll, sobald ein eigenbestimmtes Leben nicht mehr möglich ist. Und bzgl. der medizinischen Versorgung gibt es die Möglichkeit, für die Ärzte festzulegen, welche Behandlungen nicht gewünscht sind.

Behindertenpass

Altern bedeutet auch Einschränkungen im Bewegungsapparat, der Seh- und Hörfähigkeit, etc. In vielen Fällen stellt sich daher auch die Frage nach einer Behinderung. Der so genannte Behindertenpass ist oftmals die Voraussetzung für besondere finanzielle Unterstützungen wie z.B. Steuererleichterungen (siehe Pauschale Freibeträge bei Behinderung, siehe ► Seite 80, Freibeträge bei eigener Behinderung, siehe ► Seite 82).

Anspruch auf einen Behindertenpass haben in Österreich wohnende Personen mit einem Grad der Behinderung oder einer Minderung der Erwerbsfähigkeit von mindestens 50 Prozent. Der Pass wird vom Sozialministeriumservice herausgegeben.

Die Antragstellung ist auch online möglich, hierzu benötigen Sie dann eine Bürgerkarte oder Handysignatur. An Unterlagen benötigen Sie:

- ein färbiges EU-Passbild nach den geltenden ICAO Vorschriften
- aktuelle medizinische Unterlagen z.B. Befunde in Kopie
- Meldezettel in Kopie

Der Antrag und die Ausstellung des Behindertenpasses sind kostenlos.

Sofern noch kein Grad der Behinderung bzw. Erwerbsminderung festgestellt wurde, erfolgt dies aufgrund der aktuellen medizinischen Unterlagen durch die ärztlichen Sachverständigen beim Sozialministeriumservice.

Den Antrag zur Ausstellung eines Behindertenpasses finden Sie unter https://www.sozialministeriumservice.at/Menschen_mit_Behinderung/Behindertenpass_und_Parkausweis/Behindertenpass/Behindertenpass.de.html

Tipp

In den Behindertenpass können auch Zusatzeintragungen vorgenommen werden:

- Unzumutbarkeit der Benützung öffentlicher Verkehrsmittel (wegen dauerhafter Einschränkung der Mobilität)
- Fahrpreisermäßigung nach dem Bundesbehindertengesetz
- Bedarf einer Begleitperson
- Notwendigkeit eines Rollstuhls
- schwere Hörbehinderung
- Gehörlosigkeit
- hochgradige Sehbehinderung
- Blindheit
- Taubblindheit
- Notwendigkeit eines Assistenzhundes (Blindenführ-, Service- oder Signalhund)
- Notwendigkeit von Krankendiätverpflegung

Vergessen Sie nicht, die Zusatzeinträge zu beantragen!

Mögliche Vorteile eines Behindertenpasses entsprechend obigen Einträgen sind u.a.:

- Bereich ÖBB-Schiene: unentgeltliche Beförderung der Begleitperson, wenn die behinderte Person im Rollstuhl fährt bzw. deren Behindertenpass den Vermerk „Begleitperson erforderlich" aufweist.
- Bereich ÖBB-Postbusse: Unentgeltliche Beförderung der Begleitperson in ganz Österreich mit dem Behindertenpass samt Zusatzeintrag „Begleitperson erforderlich"
- Bei einigen Museen, Bädern etc. ermäßigter Eintritt oder Gratiseintritt für die Begleitperson möglich.
- Bei manchen Ärzten darf die behinderte Person zur Untersuchung begleitet werden.
- Vom Sozialministeriumservice (Adresse siehe Serviceteil ► Seite 108): Gehbehinderten-Parkausweis für mobilitätseingeschränkte Personen.
  Der Parkausweis bietet folgende Vergünstigungen:
  – Befreiung von der Parkgebühr, unterschiedlich je nach Gemeinde
  – Befreiung von der motorbezogenen Versicherungssteuer
  – Möglichkeit eines Behindertenparkplatzes
  – kostenlose Bestellung eines „euro-keys" (Schlüssel für Behinderten-WC)
  – Steuervorteile

Vorsorgevollmacht

Im Vorhinein selbst bestimmen, wer später für einen sorgen soll

Ein gerichtlicher Erwachsenenvertreter (► Seite 58) als vom Gericht bestellter Vertreter des Menschen, der aufgrund von Unfall oder Krankheit (inkl. Demenz) seine Entscheidungsfähigkeit verloren hat, wird erst dann bestellt, wenn der Betroffene seine Entscheidungsfähigkeit verloren hat. Der betroffene Mensch hat zu diesem Zeitpunkt aber oft keine eigene Einflussmöglichkeit mehr auf die vom Gericht getroffene Entscheidung. Mit einer Vorsorgevollmacht kann man im Vorhinein, d.h. vor dem Verlust der Geschäftsfähigkeit, der Einsichts- oder Urteilsfähigkeit, selbst bestimmen, durch wen man bei Entscheidungen vertreten werden möchte. Die Wahrscheinlichkeit, dass die eigene Vertrauensperson die persönlichen Wünsche und Vorstellungen besser berücksichtigt als eine vom Gericht bestellte fremde Person, ist nicht von der Hand zu weisen. Dies sieht auch das Gericht so und berücksichtigt Vorsorgevollmachten bei der Bestellung von Erwachsenenvertretern, sofern die gewählte Person dem Gericht als geeignet erscheint. Was noch wichtig ist: Der vom Gericht bestellte Erwachsenenvertreter wird – im Rahmen des verfügbaren Einkommens und Vermögens der Person, deren Interessen sie wahrnimmt – nach Aufwand, d.h. zum Beispiel nach der Anzahl der geleisteten Stunden bezahlt. Dies kann durchaus ins Geld gehen und damit die Altersrücklagen der betroffenen Person schmälern. Bei selbst bestellten Bevollmächtigten können Sie selber mit denen, die Ihnen helfen, die Höhe einer allfälligen Aufwandsentschädigung vereinbaren.

Tipp

Eine Einschränkung bei der Bestellung eines Vorsorgebevollmächtigten ist zu beachten: Die bevollmächtigte Person darf nicht in einem Abhängigkeitsverhältnis zu einer Einrichtung (beispielsweise Krankenhaus, Alten- oder Pflegeheim) stehen, in welcher der Vollmachtgeber betreut wird. Diese Regelung ist zum Schutz des Vollmachtgebers gedacht, damit hier kein Interessenkonflikt beim Vollmachtnehmer zwischen der Person des Vollmachtgebers und dem Arbeitgeber des Vollmachtnehmers entstehen kann oder das Vertrauensverhältnis ausgenutzt werden kann.

Vielen Menschen stellt sich die Frage: „Kann ich eine einmal in Kraft getretene Vorsorgevollmacht wieder aufheben und dem Bevollmächtigten den Zugriff auf meine Finanzen wieder entziehen?". Keine schlechte Frage, da man ja als nicht mehr geschäftsfähige Person eben keine eigenen Geschäfte (inkl. Vertragsrücktritt) mehr machen kann und gerade dabei durch den Vollmachtnehmer vertreten wird. Keine Sorge: Auch hier hat der Gesetzgeber in Ihrem Sinne mitgedacht und Sonderregeln für genau diesen Fall geschaffen: Sobald ein geschäftsunfähiger Vollmachtgeber zu erkennen gibt, dass er vom Vollmachtnehmer nicht mehr vertreten werden will, muss vom Gericht ein gerichtlicher Erwachsenenvertreter bestellt werden! Dieser kann dann die Vorsorgevollmacht widerrufen und gegebenenfalls auch Schadenersatz einfordern.

Die bevollmächtigte Person geht mit ihrer Zustimmung zur Vollmacht ein Auftragsverhältnis mit dem Vollmachtgeber ein. Sie übernimmt damit eine Interessenwahrungs- und Treuepflicht. Hat der Vollmachtgeber in der Vollmacht konkrete Vorgaben gemacht (z.B. Übergabe von Schmuck an Familienangehörige), so muss die bevollmächtigte Person dies – sofern möglich – auch so umsetzen. Wenn die Vorgaben nicht so konkret sind, hat sie auch aufgrund ihrer Kenntnis des Vollmachtgebers zu überlegen, was die Interessen des Vollmachtgebers sind und sich entsprechend zu verhalten. Nur dann, wenn der Wille des Vollmachtgebers nicht erkennbar ist, kann die bevollmächtigte Person frei entscheiden, jedoch immer nur zum Wohle des Vollmachtgebers. Bei einer Vorsorgevollmacht wird die bevollmächtigte Person nicht durch das Gericht kontrolliert. Sie können jedoch die Kontrolle der bevollmächtigten Person auf eine dritte Person übertragen.

Für die Erstellung einer Vorsorgevollmacht benötigen Sie ab dem 1. Juli 2018 zwingend einen Rechtsanwalt, Notar oder Erwachsenenschutzverein! Letzterer darf allerdings nicht jede Art von Vorsorgevollmacht erstellen: komplexe Sachverhalte und die Verfügung über Immobilien sind den Notaren und Rechtsanwälten vorbehalten.

Tipp

Aber wie hoch sind denn eigentlich die Kosten? Einen festen Gebührenschlüssel gibt es nicht, anzusetzen wird bei einem Rechtsanwalt oder Notar aber ein Betrag von 600 Euro inklusive der gesetzlichen Mehrwertsteuer sein. Fragen Sie in einem kostenlosen Vorgespräch oder einer unverbindlichen Anfrage nach den Kosten in Ihrem Fall. Am günstigsten sind die Kosten bei einem Erwachsenenschutzverein (siehe Gesetzlicher Erwachsenenvertreter, siehe ► Seite 60) mit 75 Euro.

Am günstigsten beim Erwachsenenschutzverein

Es gibt kein verbindliches Formular für eine Vorsorgevollmacht. Unter Beachtung der obigen Formvorschriften kann jeder Rechtsanwalt, Notar oder Erwachsenenschutzverein ein eigenes „Formular" entwickeln. Das Formular des Vereins für Konsumenteninformation (VKI) können Sie nebst Erklärungstexten im Buch „Alles geregelt. Das KONSUMENT-Vorsorgebuch" (► Seite 111ff) nachschlagen. Anhand des Formulars sehen Sie dann auch, welche vielfältigen Lebensbereiche es gibt, die man vorab regeln sollte.

Tipp

Es ist nicht sinnvoll, dass sich Ehepartner ausschließlich gegenseitig bevollmächtigen, da der eine Partner möglicherweise kurz nach dem anderen Partner zum Vorsorgefall wird. Es macht jedoch Sinn, zusätzlich die Kinder oder nahe Angehörige als nachfolgende Ersatz-Vorsorgebevollmächtigte zu benennen. Auch wichtig: Eine Vorsorgevollmacht ist nicht (nur) für die ältere Generation da. Durch einen Unfall oder eine unvorhergesehene Krankheit kann jeder von uns plötzlich zum Vorsorgefall werden und auf Unterstützung angewiesen sein. Eine Vorsorgevollmacht sollte daher von jedem über 18-jährigen erstellt werden, z.B. gemeinsam mit den Eltern.

Gerichtlicher Erwachsenenvertreter

Für Erwachsene, die aufgrund einer geistigen Behinderung oder psychischen Erkrankung (auch Demenz) nicht mehr in der Lage sind, Geschäfte ohne Nachteil für sich selbst abzuschließen, wird vom Gericht ein gerichtlicher Erwachsenenvertreter bestellt. Bis zum Jahr 1984 verstand man darunter die sogenannte „Entmündigung", also die grundsätzlich alle Lebensbereiche umfassende Obsorge durch eine dritte Person. Seither ist viel Zeit vergangen, die Haltung gegenüber Menschen, die Unterstützung brauchen, hat sich geändert. Das Motto lautet jetzt: „So wenig wie möglich, so viel wie nötig". Was ein Mensch selbst schaffen kann, soll er auch weiterhin selbstbestimmt entscheiden können. Künftig soll das auch sprachlich dargestellt werden und der freundlichere Begriff „Erwachsenenvertretung" verwendet werden.

Im Juli 2015 bestanden in Österreich rund 60.000 Sachwalterschaften. Das Thema betrifft damit aktuell immerhin rund 0,8 Prozent der österreichischen Bevölkerung und ist damit keine ungewöhnliche Regelung. Und sie dient den Betroffenen, soll der gerichtliche Erwachsenenvertreter ihnen doch Entscheidungen abnehmen, die sie nicht mehr eigenverantwortlich treffen können.

Natürlich würde man sich am liebsten, wenn es nicht anders geht, durch eine Person vertreten lassen, die die eigenen Wünsche, Werte und Vorstellungen gut kennt. Liegen dem Gericht keine eigenen Wünsche vor, können aber auch Personen bestellt werden, die gänzlich fremd sind. Die Bestellung eines gerichtlichen Erwachsenenvertreters erfolgt durch das Gericht. Zuerst müssen aber andere Möglichkeiten der Unterstützung eines psychisch kranken oder behinderten Menschen, etwa durch Familienmitglieder oder durch soziale Einrichtungen, ausgeschöpft werden. Auch ist für die gerichtliche Bestellung eines Erwachsenenvertreters ein Sachverständigengutachten erforderlich, das die Einschränkungen in der Eigenverantwortlichkeit beschreibt.

Gerichtlicher Erwachsenenvertreter für drei Jahre

Der gerichtliche Erwachsenenvertreter wird auf maximal drei Jahre bestellt, dann erfolgt eine Überprüfung und eventuell eine Neubestellung. Der Aufgabenkreis des gerichtlichen Erwachsenenvertreters kann aufgrund geänderter Voraussetzungen der betroffenen Person eingeschränkt oder erweitert werden. Der gerichtliche Erwachsenenvertreter wird vom Gericht bestellt und aus dem Vermögen der betreuten Person bezahlt.

Wichtig ist, dass die genannten Personen nicht gesetzlich zur Übernahme der Erwachsenenvertretung verpflichtet sind. Für die richterliche Entscheidung bedarf es daher auch der Zustimmung der ausgewählten Person. Ein Erwachsenenvertreter muss immer im Interesse der betreuten Person handeln und Entscheidungen treffen. Für einige Entscheidungen benötigt der gerichtliche Erwachsenenvertreter jedoch die gerichtliche Zustimmung. Dazu gehören beispielsweise:

- schwerwiegende medizinische Entscheidungen
- die dauerhafte Änderung des Wohnortes (beispielsweise Umzug in ein Pflegeheim)
- der Verkauf, die Belastung oder Verpachtung einer Liegenschaft
- die Erhebung einer gerichtlichen Klage
- der Verkauf beweglicher Sachen im Wert von mehr als 1.000 Euro (eine Sache) oder mehr als 10.000 Euro (mehrere Sachen)
- Geldveranlagungen, die nicht mündelsicher sind
- finanziell wesentliche Anschaffungen oder Ausgaben (beispielsweise Kauf von Treppenlift, Wohnungssanierung)

Gesetzlicher Erwachsenenvertreter

Wenn eine volljährige Person aufgrund einer psychischen Krankheit oder geistigen Behinderung Rechtsgeschäfte des täglichen Lebens nicht mehr besorgen kann, kann ein nächster Angehöriger die Vertretung der Person für das jeweilige Rechtsgeschäft übernehmen. Voraussetzung dafür ist, dass diese Rechtsgeschäfte und Entscheidungen weder durch eine gerichtliche Erwachsenenvertretung noch durch eine Vorsorgevollmacht abgedeckt sind. Als nächste Angehörige gelten:

- (Ehe-)Partner (im gemeinsamen Haushalt lebend)
- Lebensgefährte (mindestens drei Jahre mit der betroffenen Person im gemeinsamen Haushalt lebend)
- volljährige Kinder und deren volljährige Nachkommen, Adoptivkinder
- Eltern und deren Vorfahren
- Geschwister und deren Nachfahren
- in einer Erwachsenenvertreter-Verfügung ab 1.7.2018 genannte Personen

Der Kreis der Vertretungsberechtigten ist groß

Nicht als nächste Angehörige zählen verschwägerte Personen wie Stief- und Schwiegereltern bzw. Stief- und Schwiegerkinder. Prinzipiell kann die Vertretungsberechtigung auf mehrere Personen lauten. In diesem Fall ist dann jeweils die Entscheidung nur einer vertretungsberechtigten Person erforderlich. Widersprechen einander jedoch die vertretungsbefugten Personen (der Sohn ist für eine 24-Stunden-Pflege zu Hause, die Tochter dagegen), so sind alle Erklärungen unwirksam. Diese Vertretungsbefugnis ist möglich für:

- 1. Vertretung in Verwaltungsverfahren und verwaltungsgerichtlichen Verfahren
- 2. Vertretung in gerichtlichen Verfahren
- 3. Verwaltung von Einkünften, Vermögen und Verbindlichkeiten
- 4. Abschluss von Rechtsgeschäften zur Deckung des Pflege- und Betreuungsbedarfs
- 5. Entscheidung über medizinische Behandlungen und Abschluss von damit im Zusammenhang stehenden Verträgen
- 6. Änderung des Wohnortes und Abschluss von Heimverträgen
- 7. Vertretung von nicht in 5. und 6. genannten personenrechtlichen Angelegenheiten
- 8. Abschluss von nicht in 4. bis 6. genannten Rechtsgeschäften

Die gesetzliche Erwachsenenvertretung nach der neuen Gesetzgebung ist damit wesentlich umfangreicher als bei der Gesetzgebung bis Mitte 2018. Auch der Abschluss eines Heimvertrages, die Verlegung des Wohnortes (gerichtliche Kontrolle), die Vermögensverwaltung und der Abschluss von weiteren Rechtsgeschäften sind zulässig. Jedoch ist die gesetzliche Erwachsenenvertretung zeitlich immer auf drei Jahre befristet und muss dann erneut beantragt werden.

Voraussetzung für die gesetzliche Erwachsenenvertretung durch einen nahen Angehörigen ist die Eintragung dieser Vertretungsbefugnis in das ÖZVV (Österreichische Zentrale Vertretungsverzeichnis). Dies erfolgt durch einen Notar, Rechtsanwalt oder Erwachsenenschutzverein, sofern diesem vorgelegt werden:

- ein Nachweis über das familiäre Naheverhältnis bzw.
- bei (Ehe-)Partnern oder Lebensgefährten der Nachweis des gemeinsamen Wohnsitzes, beispielsweise durch die Meldebestätigung des Hauptwohnsitzes
- und zusätzlich ein ärztliches Zeugnis über die mangelnde Geschäftsfähigkeit oder Einsichts- und Urteilsfähigkeit
- eine Erwachsenenvertreter-Verfügung

Erwachsenenschutzvereine

Erwachsenenschutzvereine sind nicht auf Gewinn ausgerichtete Vereine, welche wichtige Aufgaben des Erwachsenenschutzgesetzes übernehmen. Dies sind insbesondere:

- Die Beratung über die Vorsorgevollmacht, die unterschiedlichen Formen der Erwachsenenvertretung sowie von deren Alternativen
- Beratung von betroffenen Personen über ihre Rechte sowie Beratung von Vorsorgebevollmächtigten und Erwachsenenvertretern
- Schulung und Anleitung von hauptberuflichen und ehrenamtlichen Mitarbeitern
- Übernahme von gerichtlichen Erwachsenenvertretungen
- Abklärung im Auftrag des Gerichts:
  - für welche Aufgaben ein Erwachsenenvertreter bestellt werden sollte
  - ob es Alternativen zu einem gerichtlichen Erwachsenenvertreter gibt
  - ob die Gründe für eine Erwachsenenvertretung noch bestehen oder (teilweise) entfallen sind
  - ob es Anhaltspunkte für einen erforderlichen Genehmigungsvorbehalt für Rechtsgeschäfte der betroffenen Person gibt

Bei den Erwachsenenschutzvereinen handelt es sich um eine Weiterentwicklung der bisherigen Sachwaltervereine, welche oft auch Aufgaben der Patientenanwaltschaft und der Bewohnervertretung übernehmen. Zusätzlich bieten sie kostengünstige Möglichkeiten zur Abfassung von Vorsorgevollmacht, Erwachsenenvertreter-Verfügung, einer Vereinbarung zur gewählten Erwachsenenvertretung sowie deren Registrierung im Österreichischen Zentralen Vertretungsverzeichnis (ÖZVV). Die Kosten betragen:

Kleine Preise für wichtige Unterlagen

- Errichtung Vorsorgevollmacht: 75 Euro
- Registrierung Vorsorgevollmacht: 10 Euro
- Registrierung Eintritt Vorsorgefall bei Vorsorgevollmacht: 10 Euro
- Erwachsenenvertreter-Verfügung: 50 Euro
- Vereinbarung gewählte Erwachsenenvertretung: 50 Euro
- Registrierung gewählte Erwachsenenvertretung: 50 Euro
- bei Hausbesuch jeweils plus: 25 Euro

Bei der Errichtung von Vorsorgevollmachten sind den Erwachsenenschutzvereinen rechtliche Grenzen gesetzt. So dürfen sie keine ungewöhnlich komplexen Vorsorgevollmachten erstellen und auch keine mit Bezug auf Immobilien.

Jeder Dritte, dem bei Rechtsgeschäften die Registrierungsbestätigung (mit dieser Bestätigung wird auch eine Übersicht über die mit der Vollmacht verbundenen Rechte und Pflichten ausgehändigt) der Vertretungsvollmacht vorgelegt wird, darf auf die Gültigkeit der Vertretungsvollmacht vertrauen. Dies gilt auch für Geldbezüge, Überweisungen und Daueraufträge vom Konto der betroffenen Person, sofern diese einen bestimmten Betrag (erhöhter allgemeiner Grundbetrag des Existenzminimums; im Jahr 2019 sind dies 1.088 Euro im Monat) nicht übersteigen. Auch über diesen Betrag hinaus darf die Bank Verfügungen über das Konto zulassen, sofern der Vertreter den Zweck für die vertretene Person nachweisen kann (beispielsweise zur Anschaffung eines Treppenlifts).

Tipp

Als betroffene Person müssen Ihre Eltern über die Einrichtung einer Vertretungsvollmacht informiert werden. Sie können dieser auch widersprechen. Dieser Widerspruch muss ebenfalls mittels Rechtsanwalt, Notar oder Erwachsenenschutzverein im Österreichischen Zentralen Vertretungsverzeichnis (ÖZVV) hinterlegt werden. Als Ausnahme von der Regel „Ein Geschäftsunfähiger kann keine wirksame Willenserklärung abgeben" ist dieser Widerspruch gegen die Vertretungsbefugnis wirksam und die Vertretungsbefugnis endet, bzw. bei einem Widerspruch im Vorhinein beginnt sie nicht.

Die gesetzliche Erwachsenenvertretung endet in jedem Fall bei:

- Widerspruch der betroffenen Person
- Wiedererlangen der Geschäftsfähigkeit der betroffenen Person
- Tod der betroffenen oder vertretungsbefugten Person
- Geschäftsunfähigkeit der vertretungsbefugten Person
- Scheidung der Ehe bzw. Auflösung der Partnerschaft
- Aufhebung des gemeinsamen Haushalts mit dem (Ehe-)Partner
- Bestellung eines gerichtlichen Erwachsenenvertreters

Gewählter Erwachsenenvertreter

Wenn die Entscheidungsfähigkeit noch nicht ganz verloren ist

Für Personen ohne Vorsorgevollmacht, ohne Erwachsenenvertreter-Verfügung und ohne gesetzliche Erwachsenen-Vertretung durch nahe Angehörige wurde vor der Neufassung des Gesetzes immer ein gerichtlicher Erwachsenenvertreter (Sachwalter) bestellt. Mit dem neuen Erwachsenenschutzrecht ist es jetzt möglich, dass der Betroffene selbst einen Erwachsenenvertreter für sich wählt. Dies allerdings nur dann, wenn die Entscheidungsfähigkeit nicht vollständig verloren ist, sondern nur gemindert und für die Entscheidung im ausreichenden Maße vorhanden ist.

Im Sinne einer Eigenentscheidung des Betroffenen ist dies eine wichtige Ergänzung und Fortführung des früheren Sachwalterrechts! Im Sinne einer bewussten Vorausplanung und auch Selbststeuerung des zukünftigen Lebens ist die gewählte Erwachsenenvertretung jedoch keine wirklich sinnvolle Option. Schließlich bedingt diese ja den bewussten Verzicht auf eine Vorsorgevollmacht mit der Vorauswahl eines Vertreters und dann die Wahl eines selbst ausgewählten Erwachsenenvertreters an Stelle eines gerichtlich bestellten Erwachsenenvertreters. Dies erscheint weniger eine bewusste Entscheidung zu sein als ein Aufschieben einer als sinnvoll erachteten Entscheidung. Und dies in der Hoffnung, dass im (letzten) Entscheidungszeitpunkt eine (nur) verminderte Entscheidungsfähigkeit vorliegt.

Die gewählte Erwachsenenvertretung entspricht wie die Vorsorgevollmacht dem persönlichen Willen des Betroffenen. Von daher hat sie wie auch die Vorsorgevollmacht keine maximale Laufzeit von drei Jahren, sondern gilt unbefristet. Die Wahl eines Erwachsenenvertreters ist bei den Erwachsenenschutzvereinen kostengünstig möglich.

Tipp

Die gesetzliche und die gewählte Erwachsenenvertretung ähneln einander sehr stark. Wesentlicher Unterschied ist, dass die gesetzliche Erwachsenenvertretung nach drei Jahren erneuert werden muss, die gewählte Vertretung jedoch zeitlich unbegrenzt gilt. Sofern Ihre Eltern keine Vorsorgevollmacht abschließen möchten – was wir jedoch empfehlen würden – kann eine gewählte Erwachsenenvertretung eine kostensparende Alternative zur gesetzlichen Erwachsenenvertretung sein.

Erwachsenenvertreter-Verfügung

Bei der (bedingten) Erwachsenenvertreter-Verfügung handelt es sich vorrangig um ein juristisches Thema, welches aber dennoch (oder gerade deswegen) wichtig ist: Ein gerichtlicher

Erwachsenenvertreter wird vom Gericht bestellt, sofern es keinen (ausreichend qualifizierten) Vorsorgebevollmächtigten gibt. Gleiches gilt auch für den Fall, dass ein/mehrere Vorsorgebevollmächtigter/-e benannt wurden, jedoch aufgrund einer fehlerhaften (nicht vollständigen) Aufgabenzuweisung eine Lücke im Vollmachtsumfang entsteht.

In diesem Punkt kann man dem Gericht bei der Bestellung eines gerichtlichen Erwachsenenvertreters seine Meinung mit in die Entscheidung geben: Die bevollmächtigte Person soll vom Gericht auch als gerichtlicher Erwachsenenvertreter bestellt werden, bzw. eine konkrete andere vorgeschlagene Person. Das Gericht berücksichtigt die Erwachsenenvertreter-Verfügung als Wunsch des Betroffenen vorrangig im Rahmen der sogenannten „Eignungspyramide", auch kann ein hier genannter Vertrauter die gesetzliche Erwachsenenvertretung (siehe ► Seite 59) beantragen.

Eignungspyramide

Das Gericht geht bei der Entscheidung für einen gerichtlichen Erwachsenenvertreter in folgender Reihenfolge vor:

- **Wunsch des Betroffenen.** Vorrangig soll diejenige Person zum Erwachsenenvertreter bestellt werden, die der Betroffene in einer Vorsorgevollmacht (► Seite 56), in einer Vereinbarung zur gewählten Erwachsenenvertretung (► Seite 61) oder in einer Erwachsenenvertreter-Verfügung (► Seite 61) genannt hat.
- **Nahe stehende Person.** Sofern der Betroffene nicht selbst eine Person benannt hat, schaut der Richter im Kreis der nahen Angehörigen nach einer geeigneten Person.
- **Erwachsenenschutzverein.** Im nächsten Schritt prüft das Gericht, ob ein Erwachsenenschutzverein die Erwachsenenvertretung übernehmen kann.
- **Notar, Rechtsanwalt oder andere geeignete Person.** Dabei wird vorrangig auf die Notare und Rechtsanwälte zurückgegriffen, die in der Liste von zur Übernahme von Vorsorgevollmachten und gerichtlichen Erwachsenenvertretungen besonders geeigneten Rechtsanwälten und Notaren eingetragen sind.

Wichtig ist, dass die genannten Personen nicht gesetzlich zur Übernahme der Erwachsenenvertretung verpflichtet sind. Für die richterliche Entscheidung bedarf es daher auch der Zustimmung der ausgewählten Person.

Patientenverfügung

Wie möchte ich nicht behandelt werden?

Wenn Sie Ihre Eltern im Alter unterstützen, so gilt es zuerst einmal auch deren Willen zu kennen und auch umzusetzen. Dies betrifft auch den Bereich der Patientenverfügung, in welcher der Patient festlegt, welche Behandlungen er ablehnt.

Ein Arzt muss – immer innerhalb der Gesetze – den Willen des Patienten berücksichtigen, wobei für den Arzt die Lebenserhaltung des Patienten höchste Priorität hat. Seit 2019 ist die Entscheidungsfreiheit des Arztes bei Sterbenden mit starken Schmerzen erhöht, hier kann er den schmerzfreien Tod höher gewichten als die unbedingte Erhaltung des Lebens. Allerdings darf ein Patient nicht gegen seinen Willen behandelt werden. Wie aber muss sich der Arzt verhalten, wenn der Patient nicht ansprechbar und nicht äußerungsfähig ist? Oder wenn dem Patienten aufgrund von Krankheit, Alter oder auch eines Schockzustandes die Einsichts- und Urteilsfähigkeit fehlt? Dann ist es Aufgabe des Arztes, insbesondere in Notfällen, den Patienten am Leben zu erhalten, sofern er bei Sterbenden den schmerzfreien Tod nicht höher gewichtet. Dies ist die tägliche Situation, beispielsweise bei Notärzten im Einsatz.

Beistand für Sterbende im Ärztegesetz (§ 49a)

(1) Die Ärztin/der Arzt hat Sterbenden, die von ihr/ihm in Behandlung übernommen wurden, unter Wahrung ihrer Würde beizustehen.
(2) Im Sinne des Abs. 1 ist es bei Sterbenden insbesondere auch zulässig, im Rahmen palliativmedizinischer Indikationen Maßnahmen zu setzen, deren Nutzen zur Linderung schwerster Schmerzen und Qualen im Verhältnis zum Risiko einer Beschleunigung des Verlusts vitaler Lebensfunktionen überwiegt.

Sofern keine Dringlichkeit besteht und keine (ausreichende und verbindliche) Patientenverfügung vorliegt, kann die Einwilligung in eine Behandlung durch folgende Personen erfolgen:

- die vertretungsbefugten nächsten Angehörigen
- einen Vorsorgebevollmächtigten
- das Gericht
- einen Erwachsenenvertreter

Wer im konkreten Fall einer Behandlung zustimmen darf, hängt von der jeweiligen Behandlung ab. Bei einer Behandlung mit schwerwiegenden Folgen muss ein gerichtlicher Erwachsenenvertreter die Zustimmung des Gerichts einholen.

Bei der Patientenverfügung unterscheidet man zwischen verbindlicher und beachtlicher Verfügung (siehe ► Seite 64). An die verbindliche Patientenverfügung muss sich ein Arzt strikt halten, die beachtliche Patientenverfügung gibt Richtlinien vor, lässt Ärzten jedoch mehr Spielraum, individuell auf Situationen einzugehen. Personen, die über eine Behandlung entscheiden dürfen, haben den Willen des Patienten zu berücksichtigen, d.h. auch die persönlichen Wertvorstellungen, die religiösen und weltanschaulichen Überzeugungen sowie frühere schriftliche und mündliche Äußerungen. Eine Patientenverfügung als Ausdruck des Willens vom Patienten hilft allen Beteiligten, eine Entscheidung in seinem Sinne zu treffen. Auch einer „nur" beachtlichen Patientenverfügung kommt eine große Bedeutung zu. Diese Bedeutung ist umso größer, je konkreter sie den Willen des Patienten wiedergibt. Dies bedeutet, je ähnlicher eine beachtliche Patientenverfügung im Inhalt einer verbindlichen Patientenverfügung ist, desto größeres Gewicht hat sie bei der Entscheidungsfindung.

Wie erfährt der Arzt, was der Patient will?

Die Patientenverfügung ist in Österreich durch ein eigenes Gesetz geregelt und zwar durch das PatientenverfügungsGesetz (PatVG) von 2006. Die Patientenverfügung kann danach nur von einem selbst eingerichtet werden und zwar nur solange, als man einsichts-, urteils- und äußerungsfähig ist. Dies klingt bürokratisch und sehr formell, hat jedoch einen sehr ernsthaften Hintergrund: Es geht um den eigenen Willen des (späteren) Patienten und darum, welche Behandlung dieser wünscht oder ablehnt. Damit ist natürlich klar, dass nur Ihre Eltern selbst und nur bei klarem Verstand ihre Patientenverfügung erstellen können. Helfen lassen dürfen Sie sich bei den Formulierungen und der Schreibarbeit natürlich schon.

Tipp

Niemand beschäftigt sich gerne mit Situationen, in denen man sich nicht mehr selbst äußern und vertreten kann. Auch nicht mit Krankenhausaufenthalten, möglicher künstlicher Beatmung und dem Sterben. Dies geht wahrscheinlich Ihren Eltern so, Ihnen möglicherweise genauso. Was also spricht dagegen, sich mit dem Thema gemeinsam auseinander zu setzen und für Sie und Ihre Eltern eine Patientenverfügung zu erstellen? Wenn Sie einen Unfall haben, können Sie sogar früher als Ihre Eltern in diese Situation kommen. Auch für Ihre Eltern wäre es dann hilfreich, wenn sie Ihren Willen kennen und danach handeln können.

- wenn nach gesetzlichen Vorschriften eine Meldung des Arztes über den Gesundheitszustand bestimmter Personen vorgeschrieben ist (beispielsweise bei bestimmten ansteckenden Krankheiten)
- wenn Mitteilungen oder Befunde des Arztes an die Sozialversicherungsträger oder sonstigen Kostenträger erforderlich sind
- wenn die durch die Offenbarung des Geheimnisses bedrohte Person den Arzt von der Geheimhaltung entbunden hat
- wenn die Offenbarung des Geheimnisses nach Art und Inhalt zum Schutz höherwertiger Interessen der öffentlichen Gesundheitspflege oder der Rechtspflege unbedingt erforderlich ist
- wenn der Verdacht auf eine gerichtlich strafbare Handlung besteht
- wenn der Verdacht auf Misshandlung Minderjähriger besteht
- wenn der Verdacht auf vorsätzlich begangene schwere Körperverletzung besteht

Die ärztliche Schweigepflicht gilt auch gegenüber Angehörigen

Die Information von Angehörigen eines Patienten, der nicht mehr ansprechbar ist, wird im Ärztegesetz nicht als Entbindungsmöglichkeit von der ärztlichen Schweigepflicht genannt. Es empfiehlt sich daher immer, den Arzt auch für alle nahen Angehörigen von der Schweigepflicht zu entbinden. Sie haben in der Praxis die Erfahrung gemacht, dass Sie im Krankenhaus/Pflegeheim/... über den Gesundheitszustand nicht ansprechbarer Angehöriger trotz Schweigepflicht Auskunft erhalten haben? Dies liegt möglicherweise an einer gesetzlichen Grauzone: Sie als Angehöriger sind gegenüber dem Patienten beistandspflichtig. Dieser Beistandspflicht können Sie jedoch nur dann nachkommen, wenn Sie über den Zustand des Patienten informiert sind. Hier hat also der Arzt eine gewisse Abwägensfreiheit, ob er die Schweigepflicht oder die Beistandspflicht der Angehörigen im Einzelfall als höher ansieht.

Tipp

Besprechen Sie mit Ihren Eltern, dass diese den Arzt von der ärztlichen Schweigepflicht gegenüber Ihnen entbinden. Dann ist die Frage eindeutig geregelt und Ihre Eltern müssen nicht im Zweifelsfall auf Unterstützung verzichten. Ihren Eltern mag dies leichter fallen, wenn Sie diese Entbindung auf Gegenseitigkeit vereinbaren. So können auch Ihre Eltern Auskunft über Ihren Gesundheitszustand erhalten, wenn Sie sich hierzu nicht äußern können. Einen Formulierungsvorschlag finden Sie im Anhang, Anlage D (siehe ► Seite 111ff).

Finanzielle Unterstützungsformen

– Pflegegeld und System der Pflegestufen
– Zuschüsse und Förderungen
– Absetzmöglichkeiten von der Steuer

Die (auch) altersbedingten Einschränkungen sind mit einer Vielzahl von Kosten, zum Teil in sehr beträchtlicher Höhe, verbunden. Allerdings werden diese Kosten zum Teil durch Zuschüsse und Förderungen verringert bzw. ausgeglichen. Hierdurch ist ein altersentsprechendes lebenswertes Leben auch ohne Vermögen und mit kleiner Pension möglich. Wir geben einen Überblick, damit Sie nicht neben den zeitlichen und auch psychischen Belastungen mit hohen finanziellen Ausgaben konfrontiert sind.

Pflegegeld und das System der Pflegestufen

Mindestens 65 Stunden Unterstützungsbedarf im Monat

In Österreich richtet sich die Höhe des Pflegegeldes nach dem zeitlichen Pflegebedarf. Voraussetzung dafür sind einerseits ein Wohnort in Österreich und andererseits ein Mindestumfang an Pflegebedarf von 65 Stunden im Monat. Der Bedarf an Unterstützung kann beim Kochen, Essen, der Körperpflege oder bei Hilfsleistungen aus dem sachlichen Lebensbereich sein. Ob dies in diesem oder höheren Umfang gegeben ist, wird durch einen Arzt oder eine Pflegefachkraft festgestellt. Die unterschiedlichen Pflegestufen sind (Quelle: https://www.oesterreich.gv.at/themen/soziales/pflege/4/Seite.360516.html):

Höhe des Pflegegeldes ab 1. Jänner 2021

Pflegebedarf in Stunden pro Monat	Pflegestufe	Betrag in Euro monatlich (netto)
Mehr als 65 Stunden	1	162,50 Euro
Mehr als 95 Stunden	2	299,60 Euro
Mehr als 120 Stunden	3	466,80 Euro
Mehr als 160 Stunden	4	700,10 Euro
Mehr als 180 Stunden, wenn • ein außergewöhnlicher Pflegeaufwand erforderlich ist	5	951,00 Euro
Mehr als 180 Stunden, wenn • zeitlich unkoordinierbare Betreuungsmaßnahmen erforderlich sind und diese regelmäßig während des Tages und der Nacht zu erbringen sind oder • die dauernde Anwesenheit einer Pflegeperson während des Tages und der Nacht erforderlich ist, weil die Wahrscheinlichkeit einer Eigen- oder Fremdgefährdung gegeben ist	6	1.327,90 Euro
Mehr als 180 Stunden, wenn • keine zielgerichteten Bewegungen der vier Extremitäten mit funktioneller Umsetzung möglich sind oder • ein gleich zu achtender Zustand vorliegt	7	1.745,10 Euro

Das Prinzip ist klar: Je stärker der Pflegebedürftige eingeschränkt ist, desto höher ist die staatliche Unterstützung. Der Zuschuss wird zwölfmal im Jahr am Ende des Monats ausgezahlt und steht dem Pflegebedürftigen zu. Er kann zur Bezahlung der pflegenden Angehörigen oder auch von externen Unterstützern wie einer 24-Stunden-Pflege eingesetzt werden. Wichtig auch: Die

Zahlung ist vom Abzug von Steuern und Sozialabgaben befreit. Das Pflegegeld wird seit 2020 jährlich an die Inflationsentwicklung angepasst.

Während eines Krankenhaus- oder Kuraufenthalts wird das Pflegegeld ab dem zweiten Tag nicht mehr ausgezahlt. Der Gedanke dahinter ist, dass der Pflegebedürftige ja im Krankenhaus bzw. der Kureinrichtung ausreichend gepflegt wird und daher des Zuschusses nicht bedarf.

Tipp

Einige Kosten, insbesondere für 24-Stunden-Kräfte, laufen während des Krankenhaus- und Kuraufenthalts jedoch weiter. Auch macht es durchaus Sinn, dass die 24-Stunden-Kräfte sich im Krankenhaus um den Pflegebedürftigen kümmern und so eine intensivere Betreuung als in der Regelbetreuung durch das Krankenhaus ermöglichen. Auf Antrag kann daher das Pflegegeld auch während Krankenhaus- und Kuraufenthalten weiter gezahlt werden. Da Krankenhaus- und Kuraufenthalte an die Stelle, die das Pflegegeld auszahlt, gemeldet werden müssen, kann in diesem Zusammenhang direkt die Fortzahlung beantragt werden.

Den Antrag auf Pflegegeldzahlung bzw. Erhöhung des Pflegegeldes bei höherem Pflegeaufwand müssen Sie beim Sozialversicherungsträger des Pflegebedürftigen stellen. Das Formular erhalten Sie unter https://www.help.gv.at/at.gv.brz.linkaufloesung/help/applikation-flow?execution=e1s1

Je nach Sozialversicherungsträger kann es zur Anrechnung von anderen finanziellen Unterstützungsleistungen kommen. So mindert sich der Auszahlungsbetrag bei der SVS (Sozialversicherung der Selbstständigen) um:

Das Pflegegeld kann bei weiteren Zuwendungen gekürzt werden

- 60 Euro im Monat, sofern der Pflegegeldbezieher Anspruch auf erhöhte Familienbeihilfe hat
- pflegebezogene Geldleistungen, die nach anderen bundesgesetzlichen oder ausländischen Vorschriften (z. B. Blindenzulage) gewährt werden
- Sofern der Pflegebedürftige in einem Pflegeheim (auch: Altenheim, Altersheim, Erziehungsheim) wohnt, welches unter Kostenbeteiligung des Bundes, des Landes oder einer Sozialhilfeorganisation betrieben wird, werden 80 Prozent des Pflegegeldes direkt an den Heimträger überwiesen. Der Pflegebedürftige erhält ein monatliches Taschengeld in Höhe von 46,70 Euro.

Zuschuss zur 24-Stunden-Pflege

Wird von einem Pflegebedürftigen eine 24-Stunden-Betreuung benötigt, so beteiligt sich unter bestimmten Umständen auch der Staat an den Kosten. Zuständig sind die neun Landesstellen des Sozialministeriumservice. Bei diesem können Sie (auch online) den Antrag auf einen Zuschuss stellen unter https://www.sozialministeriumservice.at/Finanzielles/Pflegeunterstuetzungen/24-Stunden-Betreuung/24-Stunden-Betreuung.de.html

Die 24-Stunden-Betreuung wird üblicherweise durch zwei Betreuer geleistet, die sich alle zwei Wochen abwechseln. Handelt es sich hierbei um unselbstständige Arbeitskräfte, so beträgt der Zuschuss bis zu 1.100 Euro im Monat, bei Werkverträgen von selbstständigen Betreuern bis zu 550 Euro im Monat. Dies jeweils gesamt für beide Betreuer.

Tipp

Eine Förderung ist frühestens ab Beginn des Betreuungsverhältnisses oder bei späterer Antragstellung frühestens ab dem Vormonat der Antragstellung möglich. Der Antrag sollte daher möglichst frühzeitig und spätestens einen Monat nach Beginn der Betreuung gestellt werden, um kein Geld zu verschenken.

Folgende Voraussetzungen müssen gegeben sein:

- Die betreute Person muss mindestens in der Pflegestufe 3 eingeordnet sein.
- Bezieht die pflegebedürftige Person ein Pflegegeld der Stufen 3 oder 4, so ist die Notwendigkeit einer 24-Stunden-Betreuung durch das Sozialministeriumservice gesondert festzustellen. Die Entscheidung erfolgt auf Basis des zuletzt erstellten Pflegegeldgutachtens. Ab der Pflegestufe 5 wird von der Notwendigkeit einer 24-Stunden-Betreuung ausgegangen.
- Vorliegen eines Betreuungsverhältnisses zur pflegebedürftigen Person, zu einem Angehörigen oder zu einem gemeinnützigen Anbieter.
- Die Betreuungskräfte müssen entweder eine theoretische Ausbildung nachweisen, die im Wesentlichen derjenigen eines Heimhelfers entspricht, oder seit mindestens sechs Monaten die Betreuung der pflegebedürftigen Person sachgerecht durchgeführt haben. Alternativ dazu muss eine fachspezifische Ermächtigung der Betreuungskraft zu pflegerischen Tätigkeiten vorliegen.
- Die Fördergewährung für ein und dieselbe Betreuungskraft ist innerhalb eines Kalendermonates nur für ein Betreuungsverhältnis möglich.
- Die Förderung wird unabhängig vom Vermögen der zu betreuenden Person gewährt, jedoch gibt es Grenzen beim Einkommen:
  - Monatsnettoeinkommen maximal 2.500 Euro (ohne Berücksichtigung von Pflegegeld, Sonderzahlungen, Familienbeihilfe, Kinderbetreuungsgeld, Wohnbeihilfe)
  - Für jeden unterhaltsberechtigten Angehörigen erhöht sich die Betragsgrenze um 400 Euro bzw. 600 Euro bei Behinderten
  - Sofern das Nettomonatseinkommen stark schwankt, ist ein Zwölftel des Jahresnettoeinkommens heranzuziehen.

In Abhängigkeit vom Einkommen gibt es weitere Förderungen der 24-Stunden-Pflege

Zuständige Stelle ist die jeweilige Landesstelle des Sozialministeriumservice (Adresse siehe Adressen/Links ► Seite 108).

Das Land Vorarlberg und der Vorarlberger Gemeindeverband haben sich auf eine zusätzliche Förderung für jene Menschen geeinigt, die eine 24-Stunden-Betreuung in Anspruch nehmen.

Es werden je Monat zusätzlich 300 Euro bei einer Pflegekraft bzw. 600 Euro bei zwei Pflegekräften bezahlt. Zusätzlich ist eine höhere Sonderleistung bei Härtefällen möglich. Dies jedoch nur dann, wenn:

- trotz der Förderung und des Vermögenseinsatzes die Kosten einer 24-Stunden-Betreuung nicht abgedeckt werden können
- oder das Vermögen bereits aufgebraucht wurde und eine Bestätigung des „Case Managements" vorliegt, dass ohne 24-Stunden-Betreuung eine Aufnahme in eine stationäre Pflegeeinrichtung notwendig wäre.

Die Höhe dieser Sonderleistung darf den Aufwand einer vergleichbaren stationären Pflegeeinrichtung jedoch nicht überschreiten. Die Voraussetzungen sind:

- Bezug des Pflegegeldes ab Stufe 4 des Bundespflegegeldgesetzes
- In Pflegestufe 3 muss die Notwendigkeit einer 24-Stunden-Betreuung durch das örtliche „Case Management" bestätigt werden.
- Bezug der Förderung zur Unterstützung der 24-Stunden-Betreuung durch das Sozialministeriumservice
- Die Förderhöhe reduziert sich in jenem Ausmaß, in dem das monatliche Einkommen der zu betreuenden Person 1.600 Euro, bei Paaren (Bedarfsgemeinschaften) 1.900 Euro übersteigt
- Zum Einkommen zählen alle regelmäßigen Geldflüsse, wie z.B. Pensionen, Mieterträge usw. Nicht zum Einkommen zählen Sonderzahlungen, das Pflegegeld und die Förderung des Sozialministeriumservices.

Diese zusätzliche Förderung muss mit dem „Antrag auf Gewährung von Mindestsicherung" beantragt werden. Der Antrag ist beim Gemeindeamt/Rathaus abzugeben.

Tipp

Fragen Sie bei der für Sie zuständigen Landesstelle des Sozialministeriumsservice nach, ob es auch landesspezifische Förderungen gibt.

Zuschuss zur häuslichen Pflege und Betreuung

In Vorarlberg erhalten Betreuer in der häuslichen Pflege auf Antrag monatlich 200 Euro an Zuschuss, sofern folgende Voraussetzungen erfüllt sind:

- Pflegestufe von zumindest fünf
- keine Betreuung im Pflegeheim
- keine Nutzung der 24-Stunden-Betreuung

Weitere Informationen geben die Bezirkshauptmannschaften Bregenz, Dornbirn, Feldkirch und Bludenz.

Zuschuss zu den Umbaukosten Wohnung

Umbauten ermöglichen es, länger in der eigenen Wohnung zu leben

Die Bundesländer fördern den altersgerechten Umbau von Wohnungen und Häusern. Dies wird im Folgenden für die Stadt Wien dargestellt, andere Bundesländer können abweichende Regelungen haben.

Mieter von Wohnungen sowie Eigentümer von Wohnungen, Eigenheimen und Kleingartenwohnhäusern können sich um eine Förderung bewerben, d.h. ein Anspruch auf Förderung besteht nicht. Es werden 35 Prozent der förderungsfähigen Umbaukosten, jedoch maximal 4.200 Euro, gezahlt. Folgende Voraussetzungen müssen erfüllt sein:

- Die Antragsteller müssen zum Zeitpunkt des Antrags mindestens 60 Jahre alt sein.
- Die Förderung wird nur für den Hauptwohnsitz gewährt, dieser muss in Wien sein.
- Die Umbaukosten betragen zumindest 3.000 Euro.
- Das jährliche Haushaltseinkommen aller Personen im Haushalt darf nicht über den aktuell gültigen Einkommensgrenzen liegen. Für das Jahr 2020 gelten folgende Einkommensgrenzen:
  - für 1 Person: 33.720 Euro
  - für 2 Personen: 50.240 Euro
  - für 3 Personen: 56.860 Euro
  - für 4 Personen: 63.470 Euro
- Für jede weitere Person: 3.700 Euro mehr Nettohaushaltseinkommen.
- Die Antragsteller lassen sich vor dem Antrag beim Infopoint für Wohnungsverbesserung beraten (Adresse siehe Serviceteil, ► Seite 105)
- Die Umbauten und Installationen dienen dem altersgerechten Wohnen, basierend auf dem Stand der Technik und definiert nach der ÖNORM B 1600. Zum Beispiel:
  - Rampe, Plattformlift, Hebebühne (auch Lift) oder motorische Türöffnungshilfe für einen barrierefreien Zugang
  - Raumvergrößerung, bodenebene Dusche, unterfahrbarer Waschtisch, tragfähige Wände mit Stütz- und Haltegriffen, Duschsitze oder Thermostat-Armatur für ein barrierefreies Badezimmer
- Fachbetriebe führen die im Antrag genannten Umbaumaßnahmen durch. Für Eigenleistungen und reine Materialkosten gibt es keine Förderung.

Achten Sie darauf, dass Sie alle Voraussetzungen für die Förderung erfüllen

Tipp

Stellen Sie den Antrag vor Beginn der Umbauarbeiten und nach dem Beratungsgespräch beim Infopoint für Wohnungsverbesserung. Sofern Sie den Antrag erst nach Durchführung der Arbeiten stellen, dürfen die Rechnungen (Rechnungsdatum) nicht älter als sechs Monate sein. Zuständige Stelle für den Antrag ist der Infopoint.

Den Förderantrag für Wien und die Auflistung der benötigten Unterlagen (bei Mietwohnungen u.a. die Zustimmung des Vermieters) erhalten Sie unter https://www.wien.gv.at/amtshelfer/bauen-wohnen/wohnbaufoerderung/wohnungsverbesserung/umbau-altersgerecht.html#voraussetzungen

Je nach Bundesland werden auch nicht rückzahlbare Annuitätenbeiträge (Zins und Tilgung bei Krediten) gefördert. Die Möglichkeit der Förderung in den Bundesländern finden Sie unter:

- https://www.burgenland.at/themen/wohnen/behindertengerechte-massnahmen/
- https://www.noe.gv.at/noe/Sanieren-Renovieren/Wohnungssanierung_Massnahmen.html
- https://www.land-oberoesterreich.gv.at/39515.htm
- https://www.salzburg.gv.at/themen/bauen-wohnen/wohnen
- https://www.soziales.steiermark.at/cms/ziel/5361/DE/
- https://www.ktn.gv.at/Service/Formulare%2dund%2dLeistungen#fachbereich=BW
- https://www.tirol.gv.at/bauen-wohnen/wohnbaufoerderung/sanierung/
- https://www.ifs.at/menschengerechtes-bauen.html.

Umbaukosten bezahlen durch Umkehrhypothek

Insbesondere größere Umbauten wie Sessellift, Badezimmer und Türenverbreiterung kosten viel Geld, die staatlichen Zuschüsse (siehe Zuschuss zu den Umbaukosten, siehe ► Seite 72) reichen dafür oft nicht aus. Verfügt der ältere Mensch jedoch über selbstgenutztes Eigentum, so kommt, sofern die Angehörigen nicht einspringen können, möglicherweise die folgende Lösung in Frage. Oder Sie überlassen diese Lösung nicht der Bank, sondern regeln es innerhalb der Familie.

Mit Haus/Wohnung bezahlen, ohne auszuziehen

Es ist wieder das gleiche Problem: Der Hausbesitzer ist eigentlich vermögend, jedoch steckt das gesamte Geld in den jetzt schuldenfreien vier Wänden. Die Pension reicht zum Überleben zwar aus, aber eigentlich will der Senior seinen Lebensabend ja auch genießen bzw. benötigt einen größeren Geldbetrag für die Umbaumaßnahmen. Hier könnte eine „Umkehrhypothek" (auch: „reverse mortgage", Immobilienrente) eine Lösung sein. Volkstümlich gesagt versteht man darunter die Möglichkeit, in den eigenen Wänden weiterhin mietfrei zu wohnen, den Wert der Wohnung oder des Hauses jedoch „nach und nach zu verfrühstücken". Der in der Immobilie wohnende Eigentümer erhält in diesem Fall eine lebenslange Zusatzpension oder einen größeren Geldbetrag als Kredit, welche quasi eine Vorab-Ausschüttung eines späteren Verkaufserlöses ist.

Vom Wort „Umkehrhypothek" kennt man den Teil „Hypothek" – also einen Wohnbaukredit zur Finanzierung von Immobilien, wobei der Kredit nach und nach zurückgezahlt wird. Bei einer Umkehrhypothek ist es andersrum: Der Eigentümer hat eine (fast) schuldenfreie Immobilie und durch einmalige oder monatliche Auszahlungen baut sich die Hypothek nach und nach auf.

In den USA ist diese „reverse mortgage" seit langem bekannt, in Deutschland und Österreich noch nicht. Nach und nach kommen jedoch vermehrt Anbieter auf den Markt. Daher hier die wesentlichen Bausteine:

Generelle Voraussetzungen

Zuerst einmal muss der Senior Eigentümer einer Immobilie sein. Diese bewohnt er in der Regel selbst, sonst könnte er die Immobilie ja verkaufen und mit dem Verkaufserlös den Umbau in der selbstgenutzten Wohnung finanzieren. Bei der Umkehrhypothek wird aus dem Verkaufserlös bei Ableben des Eigentümers die Hypothek zurückgezahlt. Dieser Zeitpunkt liegt je nach weiterer Lebenserwartung weit in der Zukunft, z.B. in 20 bis 30 Jahren. Es kommt also auf den erwarteten Wert der Immobilie in 20 bis 30 Jahren an. Dieser Wert der Immobilie (heute und in bis zu 30 Jahren) wird durch einen Gutachter geschätzt. Sinnvollerweise sollte es sich nicht um einen internen Gutachter des Hypotheken-Anbieters handeln (der Interesse an einem möglichst geringen Wert haben wird), sondern um einen unabhängigen, gerichtlich vereidigten Sachverständigen. Wir unterstellen einmal, dass der Sachverständige auf einen zukünftigen Wert von 300.000 Euro kommt.

Leistungsdauer

Der Senior erhält jetzt eine Einmalzahlung und/oder die monatliche Pension bis zu seinem Ableben. Oft begrenzt der Anbieter den Leistungszeitraum auch zusätzlich durch ein Maximalalter, z.B. mit 110 Jahren. Für die Kalkulation der voraussichtlichen Leistungsdauer benötigt der Anbieter:

- das persönliche Lebensalter (z.B. 65 Jahre)

- die allgemeine Sterbetafel (wie lange wird nach heutigem Wissensstand ein heute 65-jähriger Mann/Frau noch durchschnittlich leben?)
- möglicherweise eine ärztliche Untersuchung, um die persönliche Chance auf ein langes Leben (d.h. das Risiko des Anbieters) besser abschätzen zu können. Hohe Gesundheitsrisiken – wie Bluthochdruck, Rauchen, Übergewicht und Vorerkrankungen wie Herzinfarkte – hingegen begrenzen das Risiko für den Anbieter – und führen beim Pensionisten möglicherweise zu höheren Pensionszahlungen.

Fragen Sie den jeweiligen Anbieter, bis zu welchem Lebensjahr er die Zahlungen kalkuliert. Je höher die erwartete Lebensdauer, desto geringer die monatlichen Zahlungen oder die Einmalzahlung. Achten Sie daher darauf, dass gesundheitliche Risikofaktoren wie Rauchen, Übergewicht etc. mitberücksichtigt werden. Hohe Risikofaktoren sollten dabei zu einer erwarteten Lebensdauer unterhalb der üblichen Lebensdauer und damit höheren Auszahlungen führen. Oft wird die Leistungsdauer zusätzlich durch den Umzug in ein Pflegeheim begrenzt, da die Immobilie dann nicht mehr zu eigenen Wohnzwecken benötigt wird. Die Immobilie würde dann verkauft und der Verkaufserlös abzüglich der Hypothek würde an den bisherigen Immobilienbesitzer ausbezahlt.

Nicht unbeachtlich: Wie alt werden Sie?

Sicherheitsabschlag

Wie im Bereich der Leistungsdauer zu sehen ist, hat der Anbieter der Umkehrhypothek das Risiko, dass der Senior wesentlich älter wird als ursprünglich kalkuliert. Dagegen schützt sich der Anbieter durch einen Sicherheitsabschlag von oft 33 Prozent. Nach Berücksichtigung des Sicherheitsabschlags von einem Drittel hat die Immobilie jetzt keinen beleihungsfähigen Wert von 300.000 Euro mehr, sondern nur noch einen von 200.000 Euro.

Verwendeter Zinssatz

Von normalen Hypotheken wissen Sie, dass die Bank für die Bereitstellung des Kredits Zinsen nimmt. Dies ist bei einer Umkehrhypothek natürlich nicht anders. Da aber als Ergebnis aller Berechnungen hinterher eine fixe Monatspension für die nächsten 20 bis 30 Jahre herauskommt, kann nicht mit einem variablen Kreditzinssatz (3-Monats-EURIBOR etc.) gerechnet werden. Es wird daher ein fixer Zinssatz herangezogen, in der derzeitigen Niedrigzinsphase wohl um die zwei bis drei Prozent. Für Sie ist wichtig zu wissen, dass ein hoher Zinssatz sehr negativ ist. Denn der im vorherigen Schritt ermittelte Beleihungswert von 200.000 Euro ist ja die Summe aller Pensionszahlungen nebst Zinsen darauf. Je höher der Zinssatz ist, desto höher sind die Zinsen und desto weniger bleibt für Ihre Zusatzpension bzw. die einmalige Auszahlung!

Weitere Kosten der Umkehrhypothek

Die Einrichtung einer Umkehrhypothek verursacht wie eine normale Hypothek Kosten – und diese trägt in der Regel der Kreditnehmer. Fragen Sie daher den Anbieter frühzeitig nach Kostenarten und -höhe:

- Kosten des Immobilien-Sachverständigen
- oft Bearbeitungsgebühr von 2 Prozent
- Kosten für Notar und Grundbuchbestellung
- etc.

Zuschuss zur Ersatzpflege

Wenn pflegende Angehörige vorübergehend an der Pflege (aufgrund von Krankheit, Kur, Urlaub oder sonstigen Gründen) verhindert sind, kann von Seiten des Staates ein Zuschuss gewährt werden (§ 21a Bundespflegegeldgesetz/BPGG). Dieser Zuschuss dient zur Abdeckung jener Kosten, die für die Inanspruchnahme von professioneller oder privater Ersatzpflege entstehen. Voraussetzungen sind:

Förderungen sind zumeist abhängig vom Einkommen

- Bezug eines Pflegegeldes zumindest der Stufe 3.
- Bei Pflegebedürftigen mit einer nachweislichen demenziellen Beeinträchtigung und bei Minderjährigen ist ein Pflegegeld der Stufe 1 ausreichend.
- Das monatliche Netto-Einkommen beträgt maximal 2.000 Euro bei der Pflegestufe 1 bis 5 und 2.500 Euro für die Pflegestufen 6 und 7. Die Beträge erhöhen sich je unterhaltsberechtigter Person um 400 Euro, bei unterhaltsberechtigten Personen mit Behinderung um 600 Euro. Familien- und Studienbeihilfen, Sonderzahlungen oder Leistungen nach den Sozialhilfegesetzen der Länder gelten nicht als Einkommen in diesem Sinn.
- Die Ersatzpflege muss zumindest für eine Woche durchgeführt werden, bei Demenz ab 4 Tagen.
- Anspruchsberechtigt sind:
  - Verwandte in gerader Linie
  - Ehegatte
  - Lebensgefährte
  - Eingetragener Partner
  - Wahl-, Stief-, und Pflegekinder
  - Geschwister
  - Schwager
  - Schwiegerkinder und Schwiegereltern
  - Nichten und Neffen

Die Höhe der finanziellen Unterstützung pro Jahr beträgt maximal:

	Betrag	Betrag bei Demenz
Pflegestufe 3	1.200	1.500
Pflegestufe 4	1.400	1.700
Pflegestufe 5	1.600	1.900
Pflegestufe 6	2.000	2.300
Pflegestufe 7	2.200	2.500

Zuständig ist das Sozialministeriumservice: https://sozialministeriumservice.at/Finanzielles/Pflegeunterstuetzungen/Pflegende_Angehoerige/Unterstuetzung_fuer_pflegende_Angehoerige.de.html

Pro Kalenderjahr sind höchstens 4 Wochen Ersatzpflege förderbar. Förderbar sind nur Ersatzpflegezeiträume, welche nicht länger als 12 Monate zurückliegen.

Förderung der Kurzzeitpflege

Eine Kurzzeitpflege in einem Alten- oder Pflegeheim kann erforderlich sein, wenn es zwischen dem Krankenhausaufenthalt und der Rückkehr in die eigene Wohnung zu einer zeitlichen Unterbrechung kommt. Eine andere Möglichkeit ist aber auch, wenn die pflegenden Angehörigen aufgrund von Krankheit oder Urlaub ausfallen und keine Pflege in der eigenen Wohnung während dieser Zeit möglich ist.

Kurzzeitaufenthalte werden seit dem 1. Januar 2021 durch das Land Oberösterreich finanziell gefördert. Die Förderung beträgt 30 Euro je begonnenem Kurzeitpflegetag und wird für maximal 21 Tage gewährt. Diese 21 Tage können als ein Block oder auch in mehreren Teilen in Anspruch genommen werden. Die Voraussetzungen sind:

Kurzzeitpflege zwischen Krankenhaus und Rückkehr in die eigene Wohnung

- Der Kurzzeitpflegeaufenthalt findet in einem für Kurzzeitpflege vorgesehenen Alten- und Pflegeheim in Oberösterreich statt.
- Das Einkommen von Personen, die mit ihrem Ehegatten bzw. eingetragenen Partner im gemeinsamen Haushalt leben, darf den Betrag von 3.156,72 Euro (= doppelter Betrag des Ehegatten-Ausgleichszulagenrichtsatzes für das Jahr 2021) nicht übersteigen. Bei allen anderen Personen darf das Einkommen den Betrag von 2.000,96 Euro (= doppelter Betrag des Einzelpersonen-Ausgleichszulagenrichtsatzes für das Jahr 2021) nicht übersteigen.

Der Antrag muss bei dem Alten- und Pflegeheim gestellt werden, in welchem der Kurzzeitpflegeaufenthalt in Anspruch genommen wird. Der Antrag wird dann von der Einrichtung zur Entscheidung an das Amt der OÖ. Landesregierung weitergeleitet. Der Zuschuss kann aber auch mittels Antragsformular schriftlich beim Amt der Oberösterreichischen Landesregierung eingereicht werden. Folgende Unterlagen sind dem Ansuchen beizulegen:

- aktuelle Einkommensnachweise des Antragstellers bzw. ggfs. des Ehegatten bzw. eingetragenen Partners
- aktuelle Meldebestätigung
- Rechnung des Alten- und Pflegeheims (im Original)

Tipp

Der Antrag muss bis spätestens sechs Monate nach Beendigung des Kurzzeitpflegeaufenthalts eingebracht werden. Zusätzlich kann auch der Antrag auf einen Zuschuss der Ersatzpflege (siehe vorherigen Punkt) gestellt werden. Fragen Sie bei Ihrem Alten-/Pflegeheim nach, ob es auch in Ihrem Bundesland zusätzliche Förderungen gibt. Häufig greift die Regelung, dass zeitanteilig 80 Prozent der Pension sowie das Pflegegeld abzgl. einem Taschengeld zur Kostenbezahlung herangezogen werden und ein verbleibender Rest durch das Sozialamt übernommen wird.

Unterstützungsfonds der Pensionsversicherung

Die Pensionsversicherungsanstalt hat zur finanziellen Unterstützung von Pensionisten und Versicherten für besonders berücksichtigungswürdige Fälle (unverschuldete Notlage durch ein unvorhersehbares Ereignis) einen Unterstützungsfonds eingerichtet.

Eine Leistung aus dem Unterstützungsfonds muss vom Pensionsbezieher selbst beantragt werden. Die Antragstellung kann formlos – unter Angabe des Grundes und Beilage entsprechender Nachweise – erfolgen.

Es handelt sich dabei um eine freiwillige Leistung der Pensionsversicherung, bei der auf die individuellen Familien-, Einkommens- und Vermögensverhältnisse Rücksicht genommen wird. Ein Rechtsanspruch besteht nicht.

Die Beantragung kann auch online erfolgen unter https://www.pv.at/cdscontent/?contentid=10007.707695&portal=pvaportal

Unterstützungsfonds Sozialministerium

Eine Förderung aus dem Unterstützungsfonds des Sozialministeriums ist ebenfalls möglich. Die Förderung beträgt bis zu 6.000 Euro, wobei je Vorhaben nur eine Förderung gewährt wird. Die Voraussetzungen sind:

- Es muss sich um ein konkretes Vorhaben handeln. Beispiele sind behindertengerechte Wohnungsadaptierung für Personen im Rollstuhl, behinderungsbedingt notwendige PKW-Adaptierung, Anschaffung eines Assistenzhundes.
- Der Grad der Behinderung muss mindestens 50 Prozent betragen.
- Der Wohnsitz/ständige Aufenthaltsort ist in Österreich.
- Das Einkommen liegt unter einer Einkommensgrenze (z.B. bei einer allein lebenden Person unter 2.000,96 Euro).
- Der Antrag muss gestellt werden, bevor das Vorhaben durchgeführt wird.
- Die Förderung ist nur dann zulässig, wenn die Sparsamkeit, Zweckmäßigkeit und Wirtschaftlichkeit des Einsatzes der Fondsmittel gewährleistet ist. Auf die Gewährung von Förderungen besteht kein Rechtsanspruch.

Das Sozialministeriumservice überprüft außerdem, ob und in welcher Höhe andere Kostenträger zur Finanzierung beitragen können.

Keine Förderung für die tägliche Lebensführung

Prinzipiell nicht gefördert werden Aufwendungen zur täglichen Lebensführung. Dies sind z.B. Strom- und Gaskosten, Wartungskosten, Anschaffungskosten für Haushaltsgeräte, etc.

Wer eine Förderungsmöglichkeit aus dem Unterstützungsfonds für Menschen mit Behinderungen vom Sozialministeriumservice prüfen lassen möchte, muss folgende Unterlagen bereitstellen:

- amtlicher Nachweis (z.B. Behindertenpass, Pflegegeldbescheid, Bescheid über erhöhte Familienbeihilfe) oder ärztliche Atteste über Art und Ausmaß der Behinderung
- Nachweis über die Einkommensverhältnisse
- bei Anschaffungen: Kostenvoranschläge befugter Fachleute

Der Antrag auf eine Förderung aus dem Unterstützungsfonds für Menschen mit Behinderungen wird direkt an das Sozialministeriumservice gestellt (Adresse siehe Serviceteil, siehe ► Seite 108).

Absetzmöglichkeiten von der Steuer

Kosten, die nicht durch Zuschüsse abgedeckt werden können, lassen sich zum Teil steuerlich geltend machen. Sie verringern dabei als „außergewöhnliche Belastung" die Steuerbemessungsgrundlage und über diese verringerte Grundlage dann auch die Steuer.

Grenzsteuersätze ab dem Jahr 2016

Einkommen von ... bis	Steuersatz
0 bis 11.000 Euro	0 %
11.001 bis 18.000 Euro	25 %
18.001 bis 31.000 Euro	35 %
31.001 bis 60.000 Euro	42 %
60.001 bis 90.000 Euro	48 %
90.001 bis 1.000.000 Euro	50 %
über 1.000.000 Euro	55 %

Quelle: Lappe und Stagel (2018)

Der Effekt hängt immer vom persönlichen Steuersatz des Betroffenen ab: Hat der Betroffene einen Höchststeuersatz von 0 Prozent, hat er nichts von der steuerlichen Geltendmachung. Bei 25 Prozent Höchststeuersatz (Grenzsteuersatz) erhält er ein Viertel über die Steuer zurück, bei 50 Prozent immerhin die Hälfte.

Krankheitskosten steuerlich verwerten

Krankheitskosten zählen zu den typischen außergewöhnlichen Belastungen mit Selbstbehalt. Absetzbar sind prinzipiell alle selbst getragenen und nicht von Versicherern rückerstatteten Krankheitskosten wie:

- Arzt- und Krankenhaushonorare
- Medikamente
- Rezeptgebühren
- Entbindungskosten
- Ambulanzgebühren
- Behandlungsbeiträge
- Kosten für Heilbehelfe (Brillen, Zahnersatz, Hörgeräte, Prothesen etc.)
- Fahrtkosten zum Arzt oder ins Spital, auch bei Angehörigen (Kindern)
- Kosten für Ferngespräche beim Aufenthalt im entfernten Krankenhaus
- jedoch keine Fahrtkosten zu Apotheken

An welchen Krankheitskosten beteiligt sich der Staat?

Zu den Krankheitskosten zählen auch Anschaffungen für medizinisches Gerät (z.B. Blutdruckmesser). Als außergewöhnliche Belastung gelten sie, wenn triftige medizinische Gründe dafür vorliegen. Diese müssen in bereits feststehenden oder sich konkret abzeichnenden, ernsthaften gesundheitlichen Nachteilen bestehen. Wenn triftige medizinische Gründe den Aufenthalt in einem bestimmten Spital geboten erscheinen lassen, müssen nicht auch unbedingt die Kosten der Sonderklasse als außergewöhnliche Belastung anerkannt werden. Die Beweislast trifft stets den Steuerpflichtigen. Nicht anerkannt werden z.B.:

- Aufwendungen zur Vorbeugung von Krankheit (z.B. Vitaminpräparate)
- Verhütungsmittel
- Verjüngungskur
- Frischzellenbehandlung
- Schönheitsoperationen

Welchen Anteil der Krankheitskosten muss ich selbst tragen?

Tipp

Bei den „außergewöhnlichen Belastungen mit Selbstbehalt" wird die wirtschaftliche Leistungsfähigkeit berücksichtigt: Die „wesentliche Beeinträchtigung der wirtschaftlichen Leistungsfähigkeit" bezieht sich dabei auf das Verhältnis der finanziellen Belastung zum eigenen Einkommen: Ein gewisser Prozentsatz vom Einkommen wird als „verkraftbar" angesehen, ein Großteil des Einkommens darf dafür nicht ausgegeben werden. Vom Gesetzgeber gibt es dafür folgende Regelungen:

Einkommen von ... bis (in Euro)	Selbstbehalt in Prozent
0 – 7.300	6
7.301 – 14.600	8
14.601 – 36.400	10
ab 36.401	12

Es werden jedoch folgende Abschläge vorgenommen:

Grund für Verringerung	Abzug vom Selbstbehalt
Alleinverdiener- bzw. Alleinerzieherabsetzbetrag	– 1 %
Je Kind, für das mehr als 6 Monate Kinder- oder Unterhaltsabsetzbetrag zusteht	– 1 %

Quelle: Lappe und Stagel (2018)

Den Selbstbehalt können Sie vereinfacht nach folgender Formel berechnen (Quelle: www.bmf.gv.at, Rz 814 ff. der Online-Hilfe):

Bruttolohn/pension (einschließlich 13. und 14. Monatsbezug)
\+ steuerfreie Bezüge
– Sozialversicherung, Werbungskosten kommen in der Regel nicht in Frage
– Sonderausgaben
– (andere) außergewöhnliche Belastungen, für die kein Selbstbehalt gilt
= Bemessungsgrundlage für Selbstbehalt

Bei einer Bemessungsgrundlage für den Selbstbehalt von z.B. 20.000 Euro ist zuerst einmal ein Selbstbehalt von 10 Prozent zu tragen (für ein Einkommen zwischen 14.601 und 36.400 Euro). Jedoch stehen z.B. Abschläge von einem Prozent für den Alleinverdienerabsetzbetrag zu. Sie haben also einen Selbstbehalt von 10 Prozent abzüglich 1 Prozent = 9 Prozent. Neun Prozent von 20.000 Euro sind 1.800 Euro. Diese müssen Sie selbst tragen. Jeder zusätzliche Euro an außergewöhnlicher Belastung (mit Selbstbehalt) kann jedoch steuersparend in der Veranlagung berücksichtigt werden.

Pauschale Freibeträge bei Behinderung

Bei Vorliegen von körperlichen oder geistigen Behinderungen vermindern Pauschalbeträge ohne Selbstbehalt das Einkommen. Ein Steuerpflichtiger gilt für das Finanzamt dann als behindert, wenn der Grad der Behinderung mindestens 25 Prozent beträgt. Abhängig vom Grad der Behinderung (einzutragen in der Steuererklärung bei „Außergewöhnliche Belastung bei Behinderung") wird ein jährlicher Pauschbetrag (= pauschaler Freibetrag) in folgender Höhe gewährt:

Grad der Behinderung	Jährlicher Pauschbetrag in Euro
25 – 34 %	75
35 – 44 %	99
45 – 54 %	243
55 – 64 %	294
65 – 74 %	363
75 – 84 %	435
85 – 94 %	507
ab 95 %	726

Quelle: Lappe und Stagel (2018)

Bei ganzjährigem Bezug von Pflegegeld (Blindenzulage, Blindengeld, Pflege- oder Blindenbeihilfe) steht der Pauschalbetrag jedoch nicht zu.

Auf Verlangen des Finanzamtes sind Art und Umfang der Behinderung durch eine amtliche Bescheinigung der folgenden zuständigen Stellen nachzuweisen:

- bei Empfängern einer Opferrente: Landeshauptmann
- bei Berufskrankheit oder Berufsunfall: Sozialversicherungsträger
- in allen übrigen Fällen: Bundesamt für Soziales und Behindertenwesen

Was ist besser: Pauschale oder tatsächliche Kosten?

Der Nachweis kann durch einen Behindertenpass erfolgen bzw. durch einen abschlägigen Bescheid darüber (aus dem der Grad der Behinderung ersichtlich ist). Der Behindertenpass bzw. -bescheid wird vom Bundesamt für Soziales und Behindertenwesen ausgestellt. Die bis 2004 vom Amtsarzt ausgestellten Bescheinigungen sind so lange gültig, solange keine neue Feststellung durch das Bundessozialamt erfolgt. Sollen statt des Pauschalbetrags jedoch die tatsächlichen (regelmäßigen) Kosten geltend gemacht werden, dann darf an der genannten Stelle kein Eintrag erfolgen. Die tatsächlichen Kosten sind vielmehr bei Kennzahl 439 (selbst) bzw. 418 (Partner) einzutragen.

Behinderte Pensionisten können die genannten Pauschalbeträge entweder beim Finanzamt oder direkt beim Pensionsversicherungsträger (der pensionsauszahlenden Stelle) geltend machen. Der Pensionsversicherungsträger informiert den Pensionisten bei weiteren Fragen.

Tipp

Mit Zustimmung des Antragstellers werden die maßgeblichen Daten von diesen Behörden automatisch auf elektronischem Weg übermittelt, sodass er sich um den Nachweis nicht mehr kümmern muss. Inhaber von Opferausweisen und Amtsbescheinigungen (Steuerpflichtige, die von 1938 bis 1945 unter politischer Verfolgung gelitten haben) erhalten zusätzlich einen jährlichen Steuerfreibetrag in Höhe von 801 Euro. Der Freibetrag steht nur unbeschränkt Steuerpflichtigen zu (vgl. § 102 Abs. 2 Z 3 EStG 1988). Der Freibetrag soll die speziellen Nachteile abgelten, die ein Steuerpflichtiger durch eine politische Verfolgung in der Zeit von 1938 bis 1945 erlitten hat (VwGH 17.9.1969, 0406/68). Da dieser Freibetrag an die Person des Steuerpflichtigen gebunden ist, steht der Freibetrag einem Alleinverdiener nicht zu, wenn (nur) dessen Ehegatte Inhaber einer Amtsbescheinigung oder eines Opferausweises ist. Körperliche Behinderungen sind nicht abgegolten; diese können zusätzlich zu einem Freibetrag für Behinderungen führen.

Freibeträge bei eigener Behinderung

Freibetrag für Diätverpflegung

Wer aufgrund seiner Behinderung eine Diätverpflegung benötigt, kann zusätzlich folgende Pauschalbeträge beanspruchen:

Unterschiedliche Pauschalen bei Diätverpflegung

- 70 Euro monatlich bei Tuberkulose, Zucker, Zöliakie, AIDS
- 51 Euro monatlich bei Gallen-, Leber- oder Nierenkrankheit
- 42 Euro monatlich bei anderen inneren Krankheiten

In diesen Fällen ist sowohl die Behinderung als auch das Diäterfordernis von der zuständigen Stelle zu bestätigen. Anstelle der Pauschalbeträge können auch die tatsächlichen Kosten der Behinderung geltend gemacht werden.

Freibetrag für eigenes Kfz bei Gehbehinderung

Für Körperbehinderte gibt es einen Freibetrag von 190 Euro monatlich, sofern sie ein öffentliches Massenbeförderungsmittel infolge Behinderung nicht benützen können und ein eigenes Fahrzeug benötigen. Die Geltendmachung dieses Pauschalbetrages setzt den Nachweis der Körperbehinderung (Unzumutbarkeit der Benützung öffentlicher Verkehrsmittel) voraus, z.B.:

- Befreiungsbescheid von der motorbezogenen Versicherungssteuer
- Ausweis gemäß § 29 b der Straßenverkehrsordnung oder
- Behindertenpass mit Feststellung der Unzumutbarkeit der Benützung öffentlicher Verkehrsmittel

Der jeweilige Nachweis ist dem Finanzamt auf Verlangen vorzulegen.

Freibetrag für Taxikosten bei Gehbehinderung (bei Fehlen eines eigenen Kfz)

Liegen die Grundvoraussetzungen für die Berücksichtigung des Freibetrages für ein Kraftfahrzeug vor (siehe Freibetrag für eigenes Kfz bei Gehbehinderung), verfügt der Körperbehinderte aber über kein eigenes Kfz, dann können tatsächliche Kosten für Taxifahrten bis maximal 153 Euro monatlich geltend gemacht werden.

Kosten der Pflege und Betreuung

Sofern der Pflegebedürftige nicht alle Tätigkeiten der Körperpflege und des Haushalts selbst durchführen kann, drückt sich dies im Allgemeinen durch eine Pflegestufe (siehe ► Seite 69) aus. Zugleich entstehen insbesondere bei Pflege durch Dritte Kosten. Diese Unterstützungen können steuerlich als (finanzielle) außerordentliche Belastung geltend gemacht werden. Dies jedoch mit zwei wesentlichen Voraussetzungen:

- Sofern eine zweite Person im Haushalt lebt, muss geprüft werden, ob diese nicht zumindest teilweise zur Unterstützung verpflichtet ist (z.B. aufgrund

ehelicher Beistandspflicht) und dazu auch in der Lage ist. Trifft dies zu, so können für diese Tätigkeiten keine Kosten steuerlich geltend gemacht werden.
- Kosten können nur insofern steuerlich als außerordentliche Belastung geltend gemacht werden, als sie höher als finanzielle Unterstützungen von dritter Seite sind. Dies sind zuerst einmal das Pflegegeld und zusätzlich eine mögliche weitere finanzielle Förderung für 24-Stunden-Pflege bzw. für selbstständig tätiges Betreuungspersonal.

An Kosten können für die Unterstützungen geltend gemacht werden:

- Das Entgelt für die Betreuung (Entgelt für die Pflegerinnen, deren Fahrtkosten sowie Entgelt für die Betreuungsorganisation).
- Im Falle einer 24-Stunden-Betreuung sind Sie verpflichtet, den Betreuerinnen kostenfreie Verpflegung und ein eigenes Zimmer zu bieten. Dies nennt sich „freie Station". Der Gesetzgeber will jetzt keine Diskussionen über den Wert haben und gibt dafür einen Pauschalbetrag von 196,20 Euro im Monat. Bei angefangenen Monaten wird der Tag mit 6,54 Euro (196,20 / 30 Tage) gerechnet. Für das gesamte Jahr sind dies 2.354,40 Euro (196,20 x 12 Monate).
- Zusätzlich sind die Kosten für Arzt, Medikamente, Heilbehelfe, etc. steuerlich absetzbar.

Steuern sparen durch die „freie Station"

Kosten für Hilfsmittel und Heilbehandlungen

Nicht regelmäßig anfallende Aufwendungen für Hilfsmittel (z.B. Rollstuhl, rollstuhlgerechte Adaptierung der Wohnung, Hörgerät oder Blindenhilfsmittel) werden zusätzlich und ohne Kürzung durch den Selbstbehalt anerkannt. Kosten für eine Infrarotkabine und eine Therapieliege werden hingegen abgelehnt. Die Kosten einer Heilbehandlung können zusätzlich zum Pauschalbetrag und ohne Kürzung durch den Selbstbehalt berücksichtigt werden. Als Kosten der Heilbehandlung gelten (sofern sie im Zusammenhang mit der Behinderung stehen):

- Arzt- und Spitalskosten
- Kur- und Therapiekosten
- Kosten für Medikamente

Tipp

Grundsätzlich sind Krankheitskosten vom erkrankten (Ehe-)Partner selbst zu tragen, wobei der erkrankten Person ein steuerfreies Existenzminimum von 11.000 Euro pro Jahr bleiben muss. Werden Krankheitskosten für den (Ehe-)Partner gezahlt, sind diese beim zahlenden (Ehe-) Partner dann als außergewöhnliche Belastung ohne Selbstbehalt zu berücksichtigen, wenn

- er den Alleinverdienerabsetzbetrag bezieht oder
- die Einkünfte des (Ehe-)Partners 6.000 Euro pro Jahr nicht überschreiten.

Bei der Berechnung, ob dem kranken Partner ein steuerfreies Existenzminimum von 11.000 Euro verbleibt, wird das zu versteuernde Einkommen u.a. um Arbeitslosengeld erhöht. Damit soll sichergestellt werden, dass der Staat/die anderen Steuerzahler nicht für die Krankheitskosten aufkommen, obwohl ausreichende Einkünfte aus anderen Quellen vorhanden sind.

Unterstützung für den Pflegenden

– Erfahrungsaustausch und Unterstützungsstellen
– Pflegekarenz und Pflegeteilzeit
– Pensionsanwartschaft
– Pflegeurlaub und Pflegevermächtnis

Es ist Bestandteil der Angehörigenpflege, dass der Pflegende gravierende Einschnitte in seinem beruflichen und auch privaten Umfeld und Leben erleidet. Der Tages- und oft auch der Nachtablauf richten sich stark nach den Bedürfnissen der zu pflegenden Person. Von daher ist es sehr gut, dass auch die Bedürfnisse des Pflegenden in Bezug auf Unterstützung, Urlaub und auch Pension zunehmend von Politik und Gesellschaft aufgegriffen werden.

Erfahrungsaustausch von Angehörigen

Die Situation, die eigenen Eltern zu pflegen, ihnen möglicherweise Anordnungen zu geben bzw. sie zu waschen, ist für viele Angehörige emotional sehr belastend. Dies umso mehr, wenn die älteren Personen Vorwürfe oder Anschuldigungen äußern und kein Verständnis für die Situation der Pflegenden aufbringen können.

Oftmals ist es dann hilfreich, sich mit anderen Personen in gleicher oder ähnlicher Situation auszutauschen, Tipps zu geben und zu erhalten.

Um dies zu fördern haben einige der großen Sozialhilfeorganisationen z.B. Stammtische für Angehörige eingerichtet. In lockerer Atmosphäre kann man gleichermaßen Betroffene treffen, sich mal „den Frust von der Seele reden" und sich verstanden fühlen.

Tipp

Fragen Sie die Sozialhilfeträger in Ihrem Ort bzw. dem Nachbarort, ob und welche Unterstützungsmaßnahmen es für pflegende Angehörige gibt.

Suche von Unterstützungsstellen

Oftmals ist man überfordert, wenn man überlegt, wer einem in einer speziellen Situation helfen kann. Abhilfe schafft die Informationssuche des Sozialministeriums, welche im ersten Schritt eine Suche nach Stichworten oder auch nach drei Gruppen bietet:

Umfangreiches Hilfsinstrument zur Suche von Unterstützung

- Ich bin pflegebedürftig, was jetzt?
- Welche Angebote für pflegende Angehörige gibt es?
- Ich betreue einen Angehörigen mit demenzieller Beeinträchtigung

oder den Kategorien:

- Arbeit und Bildung
- Diätologen
- Geschlechterfragen
- Pflege/Betreuung
- Wohnen/Recht/Konsument
- Behinderung
- Familie
- Gesundheit
- Senioren

Im Folgeschritt kann die Suche dann örtlich auf einzelne Postleitzahlen beschränkt und auch in Kombination mit einer Umkreissuche geprüft werden, welche Angebote es in der Umgebung gibt.

Tipp

Es handelt sich um ein sehr sinnvolles Instrument für eine zielgerichtete Suche. Die Einträge beruhen allerdings auf den Angaben der Anbieter. Vergisst also ein Anbieter sein spezielles Angebot einzugeben, kann dieses über die Stichwortsuche auch nicht gefunden werden. Im Vergleich zu einer persönlichen Untersuchung der Homepages aller Anbieter ist es aber eine außerordentliche Zeitersparnis (https://www.infoservice.sozialministerium.at/willkommen).

Pflegetipps für Angehörige

Angehörige sind in der Regel überfragt und überfordert, wenn sie das erste Mal mit einer Pflegesituation konfrontiert sind. Dies gilt bereits im Allgemeinen und nochmals stärker bei den eigenen Eltern. Es stellen sich Fragen wie:

Fortbildung für pflegende Angehörige

- Wie kann ich beim Aufstehen helfen ohne zu fest zuzupacken?
- Wie kann ich ein Wundliegen des Patienten verhindern?
- Welches Essen ist nährstoffreich, jedoch nicht zu fett?
- Wie oft sollte der Patient trinken?
- Wie ist das mit der Inkontinenz, wie kann ich damit umgehen?
- etc.

Die Sozialhilfeorganisationen bieten hier zu unterschiedlichen Themen Informationsvorträge und Fortbildungen an, z.B.:

- Pflegekurse
- Kurse zur Pflege zu Hause
- Bildungsreihe Demenz
- Kurse der Psychosozialen Angehörigenberatung
- etc.

Tipp

Suchen Sie beim Infoservice des Sozialministeriums (siehe vorheriger Punkt) unter „Mobile Pflege/Betreuung" und dem Kästchen „Kurse für pflegende Angehörige" nach Anbietern in Ihrer Umgebung und fragen Sie diese nach dem aktuellen Kursangebot.

Pflegekarenz und Pflegeteilzeit

Oftmals kommt es zu einem sehr kurzfristigen Bedarf an pflegerischer Unterstützung, u.U. auch durch Angehörige. Um hier das Spannungsfeld zwischen angestellter Arbeit und Pflegeerfordernis zu erleichtern, hat der österreichische Gesetzgeber eine Pflegekarenz geschaffen. Diese kann in Vollzeit (Pflegekarenz) oder auch in Teilzeit (Pflegeteilzeit mit Reduktion der Arbeitszeit auf bis zu zehn Stunden) in Anspruch genommen werden.

Tipp

Seit dem 1.1. 2020 gibt es für Arbeitnehmer einen gesetzlichen Anspruch auf zwei Wochen Pflegekarenz, sofern der Betrieb mehr als fünf Mitarbeiter hat. Kommt es in dieser Zeit zu keiner Vereinbarung über eine Verlängerung, so verlängert sich der gesetzliche Anspruch auf Pflegekarenz automatisch um bis zu zwei Wochen, d.h. eine Gesamtlänge von vier Wochen. Eine längere freiwillige Vereinbarung zwischen Arbeitgeber und Arbeitnehmer gemäß unten beschriebener Regelung ist möglich.

Voraussetzungen für Pflegekarenz und Pflegeteilzeit

Die Pflegekarenz/Pflegeteilzeit kann zur Pflege und/oder Betreuung von nahen Angehörigen vereinbart werden, wenn folgende Voraussetzungen vorliegen:

- Der Pflegebedürftige hat Anspruch auf Pflegegeld ab der Stufe 3 nach dem Bundespflegegeldgesetz (bzw. ein Pflegegeld der Stufe 1 bei minderjährigen oder an Demenz erkrankten nahen Angehörigen).
- Schriftliche Vereinbarung der Pflegekarenz oder Pflegeteilzeit mit dem Arbeitgeber oder Mitteilung an den Arbeitgeber, dass der Pflegekarenz aufgrund obiger gesetzlicher Regelung gewählt wurde.
- Ununterbrochenes Arbeitsverhältnis von zumindest drei Monaten unmittelbar vor Inanspruchnahme der Pflegekarenz oder Pflegeteilzeit oder für Bezieher von Arbeitslosengeld oder Notstandshilfe: Abmeldung vom Leistungsbezug wegen Pflegekarenz.
- Es handelt sich beim Betreuer um Arbeitnehmer in privatrechtlichen Arbeitsverhältnissen, Bundes-, Landes- und Gemeindebedienstete bzw. Bezieher von Arbeitslosengeld oder Notstandshilfe (nur bei Pflegekarenz).
- Es muss sich um nahe Angehörige des zu Pflegenden handeln: Ehegatten und deren Kinder, Eltern, Großeltern, Adoptiv-, Stief- und Pflegeeltern, Kinder, Enkelkinder, Stiefkinder, Adoptiv- und Pflegekinder, Lebensgefährten und deren Kinder, eingetragene Partner und deren Kinder, Geschwister sowie Schwiegereltern und Schwiegerkinder. Ein gemeinsamer Haushalt ist nicht erforderlich.

Während der Pflegekarenz/Pflegeteilzeit hat der Arbeitnehmer:

- Motivkündigungsschutz
- Anspruch auf ein Pflegekarenzgeld
- beitragsfreie Kranken- und Pensionsversicherung

Tipp

Das Pflegekarenzgeld ist abhängig vom Einkommen des Pflegenden und beträgt 55 Prozent des täglichen Nettoeinkommens, d.h. es hat die gleiche Höhe wie das Arbeitslosengeld. Die Berechnung des Nettoeinkommens erfolgt anhand des durchschnittlichen Bruttoentgelts des letzten bzw. vorletzten Kalenderjahres. Das Pflegekarenzgeld wird zumindest in Höhe der monatlichen Geringfügigkeitsgrenze (2021: 475,86 Euro), gerechnet auf den Kalendertag, berechnet. Für unterhaltsberechtigte Kinder besteht ein Anspruch auf Kinderzuschläge. Für Pflegeteilzeit wird das Pflegekarenzgeld anteilig gerechnet. Das Pflegekarenzgeld wird ab Beginn der Karenz gezahlt, sofern es innerhalb von zwei Wochen ab Beginn der Karenz beantragt wird. Erst ab dem Tag der Antragstellung wird es gezahlt, sofern der Antrag erst nach zwei Wochen, jedoch vor dem Ende der Pflegekarenz, gestellt wird. Achtung: Wird der Antrag verspätet erst nach dem Ende der Karenz gestellt wird, gibt es keine Leistung.

Die Pflegekarenz kann von unselbstständig Tätigen für ein bis drei Monate in Anspruch genommen werden. Gehen zwei Angehörige (nacheinander) für die Betreuung in Pflegekarenz, so beträgt die maximale Zeitdauer sechs Monate. Eine zweifache Pflegekarenz für einen Betreuer ist dann möglich, wenn sich der Betreuungsaufwand um zumindest eine Pflegestufe erhöht. Die Pflegekarenzzeit von Seiten des Betreuten ist auf insgesamt zwölf Monate beschränkt.

Familienhospizkarenz

Ebenfalls ist es möglich, für die Sterbebegleitung eines nahen Angehörigen eine Karenz zu vereinbaren. Die Familienhospizkarenz ist dem Arbeitgeber glaubhaft schriftlich zu melden. Es besteht die Möglichkeit, zur Begleitung sterbender Angehöriger oder schwersterkrankter Kinder die Arbeitszeit zu ändern oder sich bei aufrechtem Arbeitsverhältnis vorübergehend karenzieren zu lassen. Auch arbeitslose Personen können Sterbebegleitung beantragen.

Gesetzlicher Anspruch auf Karenz für Sterbebegleitung

Für den Arbeitnehmer gibt es den Vorteil, dass die Kranken- und Pensionsversicherung bestehen bleibt, ebenfalls Abfertigungsansprüche.

Der zeitliche Rahmen liegt bei maximal drei Monaten, wobei eine Verlängerung auf sechs Monate je Anlassfall möglich ist.

Es muss sich um nahe Angehörige des zu Pflegenden handeln: Ehegatten und deren Kinder, Eltern, Großeltern, Adoptiv-, Stief- und Pflegeeltern, Kinder, Enkelkinder, Stiefkinder, Adoptiv- und Pflegekinder, Lebensgefährten und deren Kinder, eingetragene Partner und deren Kinder, Geschwister sowie Schwiegereltern und Schwiegerkinder. Ein gemeinsamer Haushalt ist nicht erforderlich.

Es gibt einen Familienhospiz-Härteausgleichsfonds beim Bundesministerium für Arbeit, Familie und Jugend. Bei Vollkarenzierung kann hier um einen Zuschuss angesucht werden, es besteht jedoch kein Rechtsanspruch darauf.

Rahmenfrist der Arbeitslosenversicherung

Die Rahmenfrist für die Erfüllung der Anwartschaft auf Leistungen aus der Arbeitslosenversicherung (Arbeitslosengeld, Notstandshilfe) verlängert sich um Zeiten der häuslichen Pflege eines nahen Angehörigen mit mindestens Pflegegeldstufe 3. Es muss die Selbst- oder Weiterversicherung in der Pensionsversicherung nachgewiesen werden. Zuständige Stelle ist das Arbeitsmarktservice.

Pensionsanwartschaft für den Pflegenden

In der österreichischen Pensionsversicherung gibt es eine Mindestversicherungszeit von 180 Monaten (15 Jahren, davon mindestens 7 Jahre aufgrund einer Erwerbstätigkeit), damit ein Pensionsanspruch erworben wird. Es ist klar, dass jede Person mit Pflege von nahen Angehörigen und/oder Pflegekarenz einige Monate oder Jahre bei der Erarbeitung des eigenen Pensionsanspruchs verliert.

Eine Hilfe hierbei leistet jetzt die Regelung der Pensionsversicherung (PVA) , dass den Versicherungszeiten aufgrund einer Erwerbstätigkeit folgende Zeiten gleichgestellt sind:

- Zeiten einer Selbstversicherung wegen Pflege eines behinderten Kindes
- Zeiten einer Selbstversicherung wegen Pflege eines nahen Angehörigen
- Zeiten einer beitragsbegünstigten Weiterversicherung für pflegende Angehörige
- Zeiten einer Familienhospizkarenz
- Zeiten des Bezuges von aliquotem Pflegekarenzgeld bei Pflegeteilzeit

Wenn auch Monate einer Selbstversicherung (§16a ASVG) erworben wurden, zählen höchstens 12 davon für die Erfüllung der Mindestversicherungszeit.

Weiterversicherung für pflegende Angehörige

Personen, die aus der Pflichtversicherung ausgeschieden sind (z.B. Beendigung der Erwerbstätigkeit), um einen nahen Angehörigen oder eine nahe Angehörige zu pflegen, können sich in der Pensionsversicherung weiterversichern. Die Voraussetzungen dafür sind:

- Anspruch des pflegebedürftigen Angehörigen auf ein Pflegegeld zumindest der Stufe 3
- gänzliche Beanspruchung der Arbeitskraft durch die Pflege in häuslicher Umgebung
- Vorliegen bestimmter Vorversicherungszeiten

Diese Begünstigung kommt pro Pflegefall nur für eine Person in Betracht und bleibt auch während eines zeitweiligen stationären Krankenhausaufenthaltes der zu pflegenden Person aufrecht. Die Beiträge für die Pensionsversicherung werden zur Gänze vom Bund getragen, sodass für die pflegenden Angehörigen keine Kosten entstehen.

Der Staat zahlt die Beiträge zur Pensionsversicherung

Selbstversicherung

Es ist möglich, den durch die Pflege entstandenen fehlendenden Pensionsanspruch auszugleichen. Dies kann durch die Selbstversicherung in der Pensionsversicherung geschehen: Die Selbstversicherung ist eine freiwillige Versicherung in der Pensionsversicherung, die von Personen, die noch keine oder zu wenig (Vor=)Versicherungszeiten erworben haben, auf Antrag in Anspruch genommen werden kann. Die Voraussetzungen sind:

- Alter: ab 15 Jahren
- Wohnsitz befindet sich im Inland
- Der Versicherte darf
  - weder zur Weiterversicherung berechtigt sein
  - noch bereits einen Pensionsanspruch haben
  - noch in einem öffentlich-rechtlichen oder ähnlich gesichertem Dienstverhältnis stehen oder Ruhegenussbezieher sein
  - keine Sozialhilfe/-Mindestsicherung beziehen
  - nicht aufgrund einer Erwerbstätigkeit pflichtversichert sein

Tipp

Die Selbstversicherung ist auch rückwirkend für bis zu zwölf Monate vor Antragstellung möglich. Beträgt die Pflegestufe des Pflegebedürftigen zumindest drei und wird die Arbeitskraft des Pflegenden durch die Pflege in häuslicher Umgebung stark in Anspruch genommen, so übernimmt der Staat gemäß § 18b Allgemeines Sozialversicherungsgesetz (ASVG) die Beiträge der Selbstversicherung. Die pflegende Person kann so kostenlos Versicherungszeiten erwerben. Zuständige Stelle ist der Pensionsversicherungsträger.

Kosten der Selbstversicherung

Die Beitragshöhe ist von der Beitragsgrundlage abhängig:

- grundsätzlich 22,8 Prozent der Beitragsgrundlage
- ohne vorangegangene Pflichtversicherung:
  - Beitragsgrundlage: 3.222,50 Euro (Wert 2021)
  - Beitrag: 734,73 Euro
- bei vorangegangener Pflichtversicherung:
  - Niedrigste Beitragsgrundlage: 872,40 Euro (Wert 2021)
  - Höchste Beitragsgrundlage: 6.475 Euro (Wert 2021)
  - Niedrigster Beitrag: 198,91 Euro
  - Höchster Beitrag: 1.476,30 Euro

Hat man bereits Beitragszeiten erworben, wird als Beitragsgrundlage der durchschnittliche monatliche Bruttoverdienst bis zur Höchstgrenze herangezogen (Quelle: https://www.oesterreich.gv.at/themen/arbeit_und_pension/pension/3/Seite.270217.html)

Höherversicherung

Freiwillige Zahlungen in die Pensionsversicherung erhöhen die Pension des Pflegenden

Sofern Sie Bauer, Gewerbetreibender oder Selbstständiger sind, gibt es eine weitere Möglichkeit, die eigene Pension durch Sonderzahlungen zu erhöhen. Hat man bereits einen Pensionsanspruch aufgrund von 180 Beitragsmonaten oder wird diesen sicher erreichen, bietet sich auch die freiwillige Höherversicherung als Ausgleich für Beitragsmonate mit geringerem Einkommen aufgrund einer Pflegeteilzeit an.

Durch die Höherversicherung in der Pensionsversicherung kann eine höhere Pension (besonderer Steigerungsbetrag) erworben werden. Eine Höherversicherung nach dem BSVG (Bauern Sozialversicherungsgesetz), GSVG (Gewerbliches Sozialversicherungsgesetz) oder FSVG (Freiberuflich Selbstständigen Sozialversicherungsgesetz) kann nur zu einer in der Pensionsversicherung bereits bestehenden Pflicht- oder Weiterversicherung eingegangen werden.

Im Jahr 2021 können Sie Beiträge zur Höherversicherung bis zu einer jährlichen Höchstgrenze von 11.100 Euro einzahlen. Innerhalb des Kalenderjahres können Sie den Zahlungszeitpunkt und die Höhe der Beiträge bis zur Höchstgrenze frei wählen. Auch monatliche und quartalsmäßige Zahlungen sind möglich. Für Ihre Einzahlungen erhalten Sie einen besonderen Steigerungsbetrag, d.h. eine höhere Pensionsleistung ab Pensionsbeginn. Dieser ist umso höher, je früher (Lebensalter) Sie die Einzahlung tätigen und je höher diese ist. Die Höhe des Steigerungsbetrages können Sie einer Tabelle entnehmen:

Die einmalige Zahlung von 1.000 Euro führt je nach Alter zum Zahlungszeitpunkt und zum Pensionsstichtag zu einer Pensionserhöhung* von .... Euro:

Alter im Jahr der Zahlung**	mtl. Pensionszuwachs (14x jährlich) in Euro Pensionsantritt mit ... Jahren				
	55	56	57	58	59
20	9,0	9,4	9,8	10,3	10,8
21	8,7	9,1	9,5	10,0	10,5
22	8,5	8,9	9,3	9,7	10,2
23	8,2	8,6	9,0	9,5	9,9
24	8,0	8,4	8,8	9,2	9,7
25	**7,8**	**8,2**	**8,5**	**9,0**	**9,4**
26	7,6	7,9	8,3	8,7	9,1
27	7,4	7,7	8,1	8,5	8,9
28	7,2	7,5	7,9	8,3	8,7
29	7,0	7 3	7,7	8,0	8,4
30	**6,8**	**7,1**	**7,4**	**7,8**	**8,2**
31	6,6	6,9	7,2	7,6	8,0
32	6,4	6,7	7,1	7,4	7,8
33	6,2	6,5	6,9	7,2	7,6
34	6,1	6,4	6,7	7,0	7,4
35	**5,9**	**6,2**	**6,5**	**6,8**	**7,2**
36	5,8	6,0	6,3	6,6	7,0
37	5,6	5,9	6,2	6,5	6,8
38	5,4	5,7	6,0	6,3	6,6
39	5,3	5,6	5,8	6,1	6,4
40	**5,2**	**5,4**	**5,7**	**6,0**	**6,3**
41	5,0	5,3	5,5	5,8	6,1
42	4,9	5,1	5,4	5,6	5,9
43	4,7	5,0	5,2	5,5	5,8
44	4,6	4,8	5,1	5,3	5,6
45	**4,5**	**4,7**	**4,9**	**5,2**	**5,5**
46	4,4	4,6	4,8	5,1	5,3
47	4,2	4,5	4,7	4,9	5,2
48	4,1	4,3	4,6	4,8	5,0
49	4,0	4,2	4,4	4,7	4,9
50	**3,9**	**4,1**	**4,3**	**4,5**	**4,8**
51	3,8	4,0	4,2	4,4	4,6
52	3,7	3,9	4,1	4,3	4,5
53	3,6	3,7	3,9	4,1	4,4
54	3,5	3,6	3,8	4,0	4,2
55	**3,5**	**3,5**	**3,7**	**3,9**	**4,1**
56			3,6	3,8	4,0
57				3,7	3,9
58					3,8
59					

Alter im Jahr der Zahlung**	mtl. Pensionszuwachs (14x jährlich) in Euro Pensionsantritt mit ... Jahren					
	60	61	62	63	64	65
20	11,3	11,9	12,5	13,2	13,9	14,7
21	11,0	11,6	12,2	12,8	13,6	14,3
22	10,7	11,3	11,9	12,5	13,2	13,9
23	10,4	11,0	11,5	12,2	12,8	13,6
24	10,2	10,7	11,2	11,8	12,5	13,2
25	**9,9**	**10,4**	**10,9**	**11,5**	**12,2**	**12,9**
26	9,6	10,1	10,6	11,2	11,9	12,5
27	9,4	9,8	10,4	10,9	11,5	12,2
28	9,1	9,6	10,1	10,6	11,2	11,9
29	8,9	9,3	9,8	10,4	10,9	11,6
30	**8,6**	**9,1**	**9,6**	**10,1**	**10,7**	**11,3**
31	8,4	8,8	9,3	9,8	10,4	11,0
32	8,2	8,6	9,1	9,6	10,1	10,7
33	8,0	8,4	8,8	9,3	9,8	10,4
34	7,7	8,2	8,6	9,1	9,6	10,2
35	**7,5**	**7,9**	**8,4**	**8,8**	**9,3**	**9,9**
36	7,3	7,7	8,2	8,6	9,1	9,6
37	7,1	7,5	7,9	8,4	8,9	9,4
38	7,0	7,3	7,7	8,2	8,6	9,1
39	6,8	7,1	7,5	8,0	8,4	8,9
40	**6,6**	**6,9**	**7,3**	**7,7**	**8,2**	**8,7**
41	6,4	6,8	7,1	7,5	8,0	8,5
42	6,2	6,6	6,9	7,3	7,8	8,2
43	6,1	6,4	6,8	7,2	7,6	8,0
44	5,9	6,2	6,6	7,0	7,4	7,8
45	**5,8**	**6,1**	**6,4**	**6,8**	**7,2**	**7,6**
46	5,6	5,9	6,2	6,6	7,0	7,4
47	5,5	5,8	6,1	6,4	6,8	7,2
48	5,3	5,6	5,9	6,3	6,6	7,0
49	5,2	5,4	5,8	6,1	6,5	6,9
50	**5,0**	**5,3**	**5,6**	**5,9**	**6,3**	**6,7**
51	4,9	5,1	5,4	5,8	6,1	6,5
52	4,7	5,0	5,3	5,6	5,9	6,3
53	4,6	4,9	5,1	5,4	5,8	6,1
54	4,5	4,7	5,0	5,3	5,6	6,0
55	**4,3**	**4,6**	**4,8**	**5,1**	**5,5**	**5,8**
56	4,2	4,4	4,7	5,0	5,3	5,6
57	4,1	4,3	4,6	4,8	5,1	5,5
58	4,0	4,2	4,4	4,7	5,0	5,3
59	3,8	4,1	4,3	4,6	4,8	5,1
60		**3,9**	**4,2**	**4,4**	**4,7**	**5,0**
61			4,0	4,3	4,5	4,8
62				4,1	4,4	4,7
63					4,2	4,5
64						4,4

* Berechnung zum heutigen Geldwert ohne Aufwertung.
** Die Beiträge wurden in dem Kalenderjahr gezahlt, in dem das ... Lebensjahr vollendet wird.

Infoblätter zu vielen wichtigen Themen finden Sie im Internet unter svs.at/info.

Medieninhaber, Herausgeber und Verleger: Sozialversicherungsanstalt der Selbständigen, 1051 Wien, Wiedner Hauptstraße 84–86, Tel. 050 808 808
Hersteller: Druck - SVD-Büromanagement GmbH, Wien
Damit die Texte leichter lesbar bleiben, verzichten wir auf eine Unterscheidung des Geschlechts. Entsprechende Begriffe gelten im Sinne der Gleichbehandlung geschlechtsneutral.

VS-024_GN, Stand: 2021

svs.at

3 von 3

Je früher die Einzahlung erfolgt, desto höher der Zuwachs an Pension

Quelle: Infoblatt Höherversicherung Pensionsversicherung für Gewerbetreibende, Neue Selbständige und Freiberufler, https://www.svs.at/cdscontent/?contentid=10007.816660&portal=svsportal

Weitere Informationen unter https://www.pv.at/cdscontent/load?contentid=10008.636405&version=1578405363

Der Steigerungsbetrag unterliegt nur mit 25 Prozent der Versteuerung und ist teilweise vererblich.

Tipp

Wenn Sie nur eine niedrige Pension mit Ausgleichszulage erwarten, ist eine Höherversicherung nicht empfehlenswert.

Pflegeurlaub

Für Arbeitnehmer mit einem privatrechtlichen Arbeitsvertrag ist der Urlaub im Urlaubsgesetz geregelt. Auch wenn eine Pflegefreistellung kein Urlaub im eigentlichen Sinne ist, wird diese dennoch in § 16 des Gesetzes geregelt:

Pflegefreistellung

Pflegefreistellung § 16

(1) Ist der Arbeitnehmer nach Antritt des Arbeitsverhältnisses an der Arbeitsleistung

- wegen der notwendigen Pflege eines im gemeinsamen Haushalt lebenden erkrankten nahen Angehörigen oder
- wegen der notwendigen Betreuung seines Kindes (Wahl- oder Pflegekindes) oder eines im gemeinsamen Haushalt lebenden leiblichen Kindes des anderen Ehegatten, des eingetragenen Partners oder Lebensgefährten infolge eines Ausfalls einer Person, die das Kind ständig betreut hat, aus den Gründen des § 15d Abs. 2 Z 1 bis 5 des Mutterschutzgesetzes 1979, BGBl. Nr. 221, in der jeweils geltenden Fassung, oder
- wegen der Begleitung seines erkrankten Kindes (Wahl- oder Pflegekindes) oder eines im gemeinsamen Haushalt lebenden leiblichen Kindes des anderen Ehegatten, des eingetragenen Partners oder Lebensgefährten bei einem stationären Aufenthalt in einer Heil- und Pflegeanstalt, sofern das Kind das zehnte Lebensjahr noch nicht vollendet hat

Wer ist anspruchsberechtigt?

nachweislich verhindert, so hat er Anspruch auf Fortzahlung des Entgelts bis zum Höchstausmaß seiner regelmäßigen wöchentlichen Arbeitszeit innerhalb eines Arbeitsjahres. Als nahe Angehörige im Sinne dieses Bundesgesetzes sind der Ehegatte, der eingetragene Partner und Personen anzusehen, die mit dem Arbeitnehmer in gerader Linie verwandt sind, ferner Wahl- und Pflegekinder, im gemeinsamen Haushalt lebende leibliche Kinder des anderen Ehegatten oder des eingetragenen Partners oder Lebensgefährten sowie die Person, mit der der Arbeitnehmer in Lebensgemeinschaft lebt.

(2) Darüber hinaus besteht Anspruch auf Freistellung von der Arbeitsleistung bis zum Höchstausmaß einer weiteren regelmäßigen wöchentlichen Arbeitszeit innerhalb eines Arbeitsjahres, wenn der Arbeitnehmer den Freistellungsanspruch gemäß Abs. 1 verbraucht hat, wegen der notwendigen Pflege seines im gemeinsamen Haushalt lebenden erkrankten Kindes (Wahl- oder Pflegekindes) oder im gemeinsamen Haushalt lebenden leiblichen Kindes des anderen Ehegatten oder eingetragenen Partners oder Lebensgefährten, welches das zwölfte Lebensjahr noch nicht überschritten hat, an der Arbeitsleistung neuerlich verhindert ist, und ihm für diesen Zeitraum der Dienstverhinderung kein Anspruch auf Entgeltfortzahlung wegen Dienstverhinderung aus wichtigen in seiner Person gelegenen Gründen aufgrund anderer gesetzlicher Bestimmungen, Normen der kollektiven Rechtsgestaltung oder des Arbeitsvertrages zusteht.

(3) Ist der Anspruch auf Entgeltfortzahlung bei Entfall der Arbeitsleistung aus einem der in Abs. 1 und 2 genannten Dienstverhinderungsgründe erschöpft, kann zu einem in Abs. 2 genannten Zweck Urlaub ohne vorherige Vereinbarung mit dem Arbeitgeber angetreten werden.

(4) Im Fall der notwendigen Pflege seines erkrankten Kindes (Wahl- oder Pflegekindes) hat auch jener Arbeitnehmer Anspruch auf Freistellung von der Arbeitsleistung nach Abs. 1 Z 1, Abs. 2 und 3, der nicht mit seinem erkrankten Kind (Wahl- oder Pflegekind) im gemeinsamen Haushalt lebt.

Ein Pflegeurlaub für die Betreuung der Eltern ist also dann möglich, wenn diese Eltern im gemeinsamen Haushalt leben (§ 16 (1) 1.). Dieser Pflegeurlaub beträgt bis zu einer Woche im Kalenderjahr, während dieser Zeit wird das Arbeitsentgelt weitergezahlt. Besteht über diesen Pflegeurlaub ein zusätzlicher Bedarf an Unterstützung, so kann bei der Pflege von Erwachsenen kein einseitiger Urlaubsanspruch geltend gemacht werden. Ein zusätzlicher Urlaubsanspruch ist dann immer im Einvernehmen mit dem Arbeitgeber zu vereinbaren.

Voraussetzung ist, dass die pflegende Person bei der Österreichischen Gesundheitskasse (ÖGK), der Sozialversicherungsanstalt der Selbstständigen und Bauern (SVS) oder der Versicherungsanstalt öffentlich Bediensteter, Eisenbahnen und Bergbau (BVAEB) versichert oder mitversichert ist. Es wird ein Selbstkostenbeitrag von 100 Euro verrechnet.

Tipp

Von den Bundesländern werden zum Teil Zuschüsse zu den Kosten des Pflegeurlaubs gewährt. Beim Land Niederösterreich z.B. beträgt der Zuschuss seit dem 1. März 2021 bis zu 175 Euro bei einem Urlaub in Österreich und bis zu 225 Euro für einen Urlaub in Niederösterreich. Die Voraussetzungen sind:

- Der Hauptwohnsitz der antragstellenden Person muss sich seit mindestens 6 Monaten vor Urlaubsantritt in Niederösterreich befinden.
- Die antragstellende Person muss eine österreichische Staatsbürgerschaft haben oder österreichischen Staatsbürgern gleichgestellt sein, das gilt für:
  - Staatsangehörige eines anderen EWR-Mitgliedstaates sowie deren Familienangehörige
  - anerkannte Flüchtlinge nach der Genfer Konvention
  - Drittstaatsangehörige, wenn es sich um Familienangehörige von EWR-Bürgern im Sinne von Art. 24 in Verbindung mit Art. 2 der EU Richtlinie RL 2004/38/EG handelt

Details und Antragsformular finden Sie unter https://www.noe.gv.at/noe/Pflege/Urlaubsaktion_fuer_Pflegende_Angehoerige.html. Es kann sich daher lohnen, vor der Urlaubsplanung beim eigenen Bundesland nach möglichen Förderungen zu fragen.

Zusatzleistungen der Bundesländer sind nicht einheitlich geregelt

Pflegevermächtnis

Erst seit wenigen Jahren gibt es in Österreich das gesetzliche Pflegevermächtnis. Damit sollen der verstorbenen Person nahestehende Menschen, welche sie in den letzten drei Jahren in nicht nur geringem Maße gepflegt haben und dafür kein Entgelt und keine Zuwendung erhalten haben, bedacht werden. Nahestehende Personen sind

- die gesetzlichen Erben der verstorbenen Person inklusive deren Lebensgefährten
- Ehegatten und eingetragene Partner sowie deren Kinder
- zusätzlich auch ein Lebensgefährte der verstorbenen Person und dessen Kinder

Die Höhe des Vermächtnisses richtet sich nach Art, Dauer und Umfang der Leistungen. Eine Anrechnung auf den Pflichtteil ist nur dann möglich, wenn die verstorbene Person dies zu Lebzeiten ausdrücklich vereinbart hat. Das Pflegevermächtnis kann nur beim Vorliegen eines Enterbungsgrundes entzogen werden. Das Pflegevermächtnis unterstützt also die pflegenden Angehörigen. Allerdings erhalten diese nur dann etwas, wenn

- es sich um eine nicht nur geringfügige Betreuung gehandelt hat
- ein Vermächtnis vorhanden ist
- die betreute Person verstorben ist

Da es sich um ein (gesetzlich verankertes) Vermächtnis handelt, ist es ein Herausforderungsanspruch des Vermächtnisnehmers gegenüber den Erben.

Krankenversicherung für den Pflegenden

Mitversicherung für pflegende Angehörige

Pflegende sollten nicht auf die eigene Krankenversicherung vergessen

Es gibt für Pflegende, die aufgrund der Pflegetätigkeit keiner Berufstätigkeit mehr nachgehen und daher keinen eigenen Krankenversicherungsschutz haben, die Möglichkeit der kostenlosen Mitversicherung:

- Der Pflegende pflegt einen Angehörigen mit Anspruch auf Pflegegeld zumindest in Höhe der Stufe 3 unter ganz überwiegender Beanspruchung der Arbeitskraft
- naher Verwandter inkl. Geschwister und verschwägerte Verwandte

Klären Sie mit der Österreichischen Gesundheitskasse, ob Sie die Voraussetzungen erfüllen. Sie benötigen den Nachweis der Pflegestufe und des Verwandtschaftsgrades (z.B. Geburts- und Heiratsurkunden).

Selbstversicherung für pflegende Angehörige

Diese Versicherungsvariante ist kostenlos und kann von Personen in Anspruch genommen werden, die nicht in der Krankenversicherung pflichtversichert oder als Angehörige mitversichert und sozial schutzbedürftig sind. Die Voraussetzungen sind:

- die pflegende Person muss sich der häuslichen Pflege eines nahen Angehörigen widmen
- welcher mindestens Pflegegeld der Stufe 3 bezieht
- die Pflege muss unter ganz überwiegender Beanspruchung der Arbeitskraft im Inland erfolgen

Der Antrag nach § 16 Abs. 2b ASVE ist bei der Österreichischen Gesundheitskasse zu stellen. Die Beiträge werden aus dem Ausgleichsfonds für Familienbeihilfen gezahlt (Antragsformular unter https://www.gesundheitskasse.at/cdscontent/load?contentid=10008.728197&version=1602251019).

Service

Glossar
Literatur
Adressen/Links
Stichwortverzeichnis
Formulare, Musterbriefe und Checklisten

Alleinverdienerabsetzbetrag
Absetzbetrag von der Steuerschuld für Steuerpflichtige, welche als Alleinverdiener (im jeweiligen Haushalt) mehr als sechs Monate im Kalenderjahr mit einem (Ehe-)Partner zusammenleben und mindestens ein Kind haben, für das mehr als sechs Monate im Jahr Familienbeihilfe gewährt wird. Die Einkünfte des (Ehe-)Partners können bis zu 6.000 Euro jährlich betragen, wobei das Wochengeld eingerechnet wird.

Belastungen, außergewöhnliche
Dabei handelt es sich um Belastungen, die aus Sicht des Steuergesetzgebers für den Steuerpflichtigen ungewöhnlich hoch sind und zugleich unausweichlich. Der Staat beteiligt sich an diesen Belastungen durch einen vollständigen oder teilweisen Abzug vom zu versteuernden Einkommen.

Demenz
Unter dem Begriff Demenz versteht man den kontinuierlichen Abbau der geistigen Leistungsfähigkeit, vor allem von Gedächtnisleistung und Denkvermögen.

Erwachsenenschutzverein
Bei den Erwachsenenschutzvereinen handelt es sich um eine Weiterentwicklung der bisherigen Sachwaltervereine, welche oft auch Aufgaben der Patientenanwaltschaft und der Bewohnervertretung übernehmen.

Erwachsenenvertreter, gerichtlich
Für Erwachsene, die aufgrund einer geistigen Behinderung oder psychischen Erkrankung (auch Demenz) nicht mehr in der Lage sind, Geschäfte ohne Nachteil für sich selbst abzuschließen, wird vom Gericht ein gerichtlicher Erwachsenenvertreter bestellt.

Erwachsenenvertreter, gesetzlich
Die gesetzliche Erwachsenenvertretung ist nur vom Begriff her neu. Man versteht darunter die bisherige Vertretungsbefugnis naher Angehöriger. Sie tritt erst dann in Kraft, wenn sie im ÖZVV eingetragen ist. Das neue Gesetz erweitert die Befugnisse der nahen Angehörigen. Die Vertretungsbefugnis ist auf maximal drei Jahre befristet.

Erwachsenenvertreter, gewählt
Von einer gewählten Erwachsenenvertretung spricht man, wenn eine Person nicht mehr voll handlungsfähig ist und sich einen Vertreter selbst wählt. Voraussetzung für die Vollmacht ist, dass von dem Betroffenen die Tragweite der Bevollmächtigung zumindest in Grundzügen verstanden wird. Die Vertretungsbefugnis ist zeitlich unbefristet.

Erwachsenenvertreter-Verfügung
Mittels einer Erwachsenenvertreter-Verfügung kann man festlegen, wer zukünftig vom Gericht zum gerichtlichen Erwachsenenvertreter berufen werden soll, man kann aber auch Personen mittels dieser Verfügung von der Vertretung ausschließen. Das Gericht wird dieser Meinungsäußerung des Betroffenen im Rahmen der Entscheidungspyramide berücksichtigen, wenn die genannte Person über die erforderliche Eignung verfügt

Freibetrag
Ein Freibetrag ist ein Betrag, der die Steuerbemessungsgrundlage (das zu versteuernde Einkommen) mindert. In Höhe des Freibetrages findet also keine Besteuerung statt.

Negativsteuer
Wenn aufgrund von zu geringem Einkommen keine Steuern gezahlt werden müssen und die Absetzbeträge daher die zu zahlende Steuer nicht reduzieren können, kommt es zur Auszahlung von steuerlichen Absetzbeträgen (z.B. ► Alleinverdienerabsetzbetrag).

ÖQZ24
Österreichisches Qualitätszertifikat für Vermittlungsagenturen in der 24-Stunden-Betreuung

Patientenverfügung
Erklärung einer Person im Vorhinein, welche Behandlungen sie im Rahmen der gesetzlichen Möglichkeiten ablehnt.

Vorsorgevollmacht
Mit einer Vorsorgevollmacht kann eine Person vor dem Verlust der Geschäftsfähigkeit, der Einsichts- und Urteilsfähigkeit und der Äußerungsfähigkeit selbst bestimmen, wer als Bevollmächtigter für sie entscheiden darf. Die Vertretungsbefugnis ist zeitlich unbefristet.

Ärztegesetz (1998)
Bundesgesetz über die Ausübung des ärztlichen Berufes und die Standesvertretung der Ärzte (Ärztegesetz 1998 – ÄrzteG 1998)

BM für Arbeit, Soziales und Konsumentenschutz (2016)
Sicher wohnen, besser leben
Bundesministerium für Arbeit, Soziales und Konsumentenschutz (Sozialministerium), Wien

Egger V (2011)
Barriere:frei! Handbuch für barrierefreies Wohnen, 2. Auflage
Bundesministerium für Arbeit, Soziales und Konsumentenschutz (bmask), Wien

Fröse S, Krüger M (2020)
Zu Hause statt Pflegeheim
SingLiesel GmbH, Karlsruhe

Görnert-Stuckmann S (2010)
Wohnen im Alter
BC Publications, München

Henrich K, Klett A (2012)
Eltern unterstützen, pflegen, versorgen
Stiftung Warentest, Berlin

Herrmann U (2011)
Wie ich wohnen will
Luther-Verlag, Bielefeld

Hönig-Robier K (2009)
24-Stunden-Betreuung zu Hause
Bundesministerium für Soziales, Gesundheit, Pflege und Konsumentenschutz (BMSGPK), Wien

Holzamer HH (2008)
Optimales Wohnen und Leben im Alter
Linde, Wien

Keller S (2011)
Leben und Wohnen im Alter, 2. Auflage
Stiftung Warentest, Berlin

Landjugend Österreich (2018)
Hofübergabe/Hofübernahme, 10. Auflage
Landjugend Österreich, Wien

Lappe M (1988)
Öffentlichkeitsarbeit in der Altenhilfe
Curt R. Vincentz Verlag, Hannover

Lappe M (2010)
Private Pensionsvorsorge
Verein für Konsumenteninformation, Wien

Lappe M (2021)
Richtig schenken. Klug entscheiden und schlau abwickeln
Verein für Konsumenteninformation, Wien

Lappe M (2020)
Alles geregelt. Das KONSUMENT-Vorsorgebuch, 4. Auflage
Verein für Konsumenteninformation, Wien

Lappe M, Stagel J (2018)
100 Steuer-Tipps
Verein für Konsumenteninformation, Wien

Lappe M, Stagel J (2017)
Steuern sparen 2017/18
Verein für Konsumenteninformation, Wien

Müller W, Dal-Bianco P (2017)
Alzheimer, 2. Auflage
Verein für Konsumenteninformation, Wien

Patienten-verfügungsGesetz (PatVG) (2006) Bundesgesetz über Patientenverfügungen

Pollerhof T (2021) Bauen für alle: „Barrierefreiheit muss sexy werden"
Der Standard, Wien 6./7. März 2021

Trukeschitz B (2020) Qualitätssicherung in der häuslichen Pflege
Bundesministerium für Arbeit, Soziales und Konsumentenschutz, Wien

Urlaubsgesetz (1976) Bundesgesetz vom 7. Juli 1976 betreffend die Vereinheitlichung des Urlaubsrechtes und die Einführung einer Pflegefreistellung

Verein für Konsumenteninformation (2021) Seniorenhandys
KONSUMENT Heft 3/2021

Zeuschner V (2019) Älter werden, aktiv bleiben
Fonds Gesundes Österreich, Wien

www.oesterreich.gv.at

www.gesundheit.gv.at/leben/altern/wohnen-im-alter/altersgerecht-wohnen

Bundesministerium für Finanzen

www.bmf.gv.at

Zugang zu FinanzOnline: https://finanzonline.bmf.gv.at/fon/

Zugang zu den Formularen:
https://service.bmf.gv.at/service/anwend/formulare/show_mast.asp?Typ=SM&STyp=HaFo

Erwachsenenschutzvereine

VertretungsNetz – Erwachsenenvertretung, Patientenanwaltschaft, Bewohnervertretung
Ungargasse 66/2/3. OG, 1030 Wien
Tel. +43 1 330 46 00 Fax +43 1 330 46 00 300
E-Mail: verein@vertretungsnetz.at
www.vertretungsnetz.at

NÖ Landesverein für Erwachsenenschutz – Erwachsenenvertretung, Bewohnervertretung
Bräuhausgasse 5/2/2, 3100 St. Pölten
Tel. +43 2742 77 175 Fax +43 2742 77 175 18
E-mail: erwachsenenschutz@noelv.at
www.noelv.at

ifs Erwachsenenvertretung
Interpark FOCUS 1, 6832 Röthis
Tel. 05 1755 500 Fax 05 1755 9500
E-Mail: ifs@ifs.at / E-Mail: erwachsenenvertretung@ifs.at
www.ifs.at

Erwachsenenvertretung Salzburg
Zentrale: Hauptstraße 91d, 5600 St. Johann im Pongau
Tel. +43 6412 6706
E-Mail: office@erwachsenenvertretung.at
Regionalstelle:Erwachsenenvertretung Salzburg
Flugplatzstraße 52/7, 5700 Zell am See
Tel. +43 6542 742 53
E-Mail: zell@erwachsenenvertretung.at

Infopoint für Wohnungsverbesserung

Maria-Restituta-Platz 1, 6. Stock, Zimmer 6.09, 1020 Wien
Tel. +43 1 4000-74860
https://www.wien.gv.at/wohnen/wohnbautechnik/infopoint/index.html

Gesetzestexte

https://www.ris.bka.gv.at/

Notariatskammern

Notariatskammer für Wien, Niederösterreich und Burgenland
Landesgerichtsstraße 20, 1010 Wien
Tel. +43 1 402 45 09 0
E-Mail: kammer-wnb@notar.or.at

Notariatskammer für Oberösterreich
Schmiedegasse 20/5, 4040 Linz-Urfahr
Tel. +43 732 73 70 73
E-Mail: oberoesterreich@notariatskammer.at

Notariatskammer für Kärnten
Lakeside B11a, 9020 Klagenfurt
Tel. +43 463 51 27 97
E-Mail: office@ktn-notare.at

Notariatskammer für Steiermark
Wielandgasse 36/III, 8010 Graz
Tel. +43 316 82 52 86
E-Mail: steiermark@notariatskammer.at

Notariatskammer für Salzburg
Ignaz-Harrer-Straße 7, 5020 Salzburg
Tel. +43 662 84 53 59
E-Mail: salzburg@notariatskammer.at

Notariatskammer für Tirol und Vorarlberg
Maximilianstraße 3, 6020 Innsbruck
Tel. +43 512 56 41 41
E-Mail: notariatskammer.tirol@chello.at
E-Mail: notariatskammer.vorarlberg@chello.at

Patienten-anwaltschaften

Wiener Pflege-, Patientinnen- und Patientenanwaltschaft
Schönbrunner Straße 108, 1050 Wien
Tel. +43 1 587 12 04
E-Mail: post@wpa.wien.gv.at

Niederösterreichischer Patienten- und Pflegeanwalt
Rennbahnstraße 29, 3109 St. Pölten
Tel. +43 2742 9005-15575
E-Mail: post.ppa@noel.gv.at

Burgenländischer Gesundheits-, Patientinnen-, Patienten- und Behindertenanwalt
Europaplatz 1, 7000 Eisenstadt
Tel. 05 76 00 2153
E-Mail: post.patientenanwalt@bgld.gv.at

Oberösterreichischen Patientenvertretung
Bahnhofstraße 1, 4021 Linz
Tel. +43 732 77 20-142 15
E-Mail: ppv.post@ooe.gv.at

Patientenanwaltschaft Kärnten
Völkermarkter Ring 31, 9020 Klagenfurt
Tel. +43 463 572 30
E-Mail: patientenanwalt@knt.gv.at

Steiermärkische Patienten- und Pflegeombudsfrau
Friedrichgasse 9, 8010 Graz
Tel. +43 316 877 33 50
E-Mail: ppo@stmk.gv.at

Salzburger Patientenvertreterin
Michael-Pacher-Strasse 36, 5020 Salzburg
Tel. +43 662 8042-2030
E-Mail: patientenvertretung@salzburg.gv.at

Tiroler Patientenvertretung
Meraner Straße 5 (1. Stock), 6020 Innsbruck
Tel. +43 512 508 7702
E-Mail: patientenvertretung@tirol.gv.at

Vorarlberger Patientenanwalt
Marktgasse 8, 6800 Feldkirch
Tel. +43 5522 815 53
E-Mail: anwalt@patientenanwalt-vbg.at

Selbstversicherung Pension

https://www.oesterreich.gv.at/themen/arbeit_und_pension/pension/3/Seite.270217.html

Suche Unterstützungs-Anbieter

https://www.infoservice.sozialministerium.at/willkommen

Unterstützungsfonds Pensionsversicherung

https://www.pv.at/cdscontent/?contentid=10007.707695&portal=pvaportal

Wunsch-Hausbesuch Kontrolle häusliche Pflegesituation

wunschhausbesuch@svqspg.at
Tel. +50 808 20 87

Patientenverfügung

www.patientenanwalt.com/ihre-Rechte/Patientenverfuegung

Pflegekarenzgeld

https://www.oesterreich.gv.at/themen/soziales/pflege/5/1/Seite.360529.html

Rechtsanwaltskammern, Anwaltssuche

Rechtsanwaltskammer Burgenland
Marktstraße 3, 7000 Eisenstadt
Tel. +43 2682 70 45 30 E-Mail: rak.bgld@aon.at

Rechtsanwaltskammer für Kärnten
Theatergasse 4/I, 9020 Klagenfurt
Tel. +43 463 51 24 25 E-Mail: kammer@rechtsanwaelte-kaernten.at
www.rechtsanwaelte-kaernten.at

Rechtsanwaltskammer Niederösterreich
Andreas-Hofer-Straße 6, 3100 St. Pölten
Tel. +43 2742 71 6 50-0 E-Mail: office@raknoe.at
www.raknoe.at

Oberösterreichische Rechtsanwaltskammer
Gruberstraße 21, 4020 Linz
Tel. +43 732 77 17 30 E-Mail: office@ooerak.or.at
www.ooerak.at

Salzburger Rechtsanwaltskammer
Imbergstraße 31C, 5020 Salzburg
Tel. +43 662 64 00 42 E-Mail: info@srak.at
www.srak.at

Steiermärkische Rechtsanwaltskammer
Salzamtsgasse 3/IV, 8010 Graz
Tel. +43 316 83 02 90 E-Mail: office@rakstmk.at
www.rakstmk.at

Tiroler Rechtsanwaltskammer
Meraner Straße 3/III, 6020 Innsbruck
Tel. +43 512 58 70 67 E-Mail: office@tiroler-rak.at
www.tiroler-rak.at

Vorarlberger Rechtsanwaltskammer
Marktplatz 11, 6800 Feldkirch
Tel. +43 5522 71 1 22 E-Mail: kammer@rechtsanwaelte-vorarlberg.at
www.rechtsanwaelte-vorarlberg.at

Rechtsanwaltskammer Wien
Ertlgasse 2/Ecke Rotenturmstraße, 1010 Wien
Tel. +43 1 533 27 18-0 E-Mail: kanzlei@rakwien.at
www.rakwien.at

Sozialministeriumservice	Bundesamt für Soziales und Behindertenwesen – Sozialministeriumservice Babenbergerstraße 5, 1010 Wien Tel. +43 1 05 99 88 www.sozialministeriumservice.at
Landesstelle Burgenland	Neusiedler Straße 46, 7000 Eisenstadt Tel. 02682/64 046 Fax 05 99 88-7412 E-Mail: post.burgenland@sozialministeriumservice.at
Landesstelle Kärnten	Kumpfgasse 23-25, 9020 Klagenfurt Tel. 0463/5864-0 Fax 05 99 88-5888 E-Mail: post.kaernten@sozialministeriumservice. At
Landesstelle Oberösterreich	Gruberstraße 63, 4021 Linz Tel. 0732/7604-0 Fax 0732/7604-4400 E-Mail: post.oberoesterreich@sozialministeriumservice.at
Landesstelle Salzburg	Auerspergstraße 67a, 5020 Salzburg Tel. 0662/88 983-0 Fax: 05 99 88-3499 E-Mail: post.salzburg@sozialministeriumservice.at
Landesstelle Steiermark	Babenbergerstraße 35, 8021 Graz Tel. 0316/7090 Fax: 05 99 88-6899 E-Mail: post.steiermark@sozialministeriumservice.at
Landesstelle Tirol	Herzog-Friedrich-Straße 3, 6020 Innsbruck Tel. 0512/563 101 Fax: 05 99 88-7075 E-Mail: post.tirol@sozialministeriumservice.at
Landesstelle Vorarlberg	Rheinstraße 32/3, 6900 Bregenz Tel. 05574/6838 Fax: 05 99 88-7205 E-Mail: post.vorarlberg@sozialministeriumservice.at
Landesstelle Wien	Babenbergerstraße 5, 1010 Wien Tel. 01/588 31 Fax: 05 99 88-2266 E-Mail: post.wien@sozialministeriumservice.at
Zertifizierte Vermittlungsagenturen 24-Stunden-Pflege	https://oeqz.at/zertifizierte-vermittlungsagenturen/
Wohnbauförderung Bundesländer	https://www.wien.gv.at/amtshelfer/bauen-wohnen/wohnbaufoerderung/wohnungsverbesserung/umbau-altersgerecht.html#voraussetzungen https://www.burgenland.at/themen/wohnen/behindertengerechte-massnahmen/ https://www.noe.gv.at/noe/Sanieren-Renovieren/Wohnungssanierung_Massnahmen.html https://www.land-oberoesterreich.gv.at/39515.htm https://www.salzburg.gv.at/themen/bauen-wohnen/wohnen https://www.soziales.steiermark.at/cms/ziel/5361/DE/ https://www.ktn.gv.at/Service/Formulare%2dund%2dLeistungen#fachbereich=BW https://www.tirol.gv.at/bauen-wohnen/wohnbaufoerderung/sanierung/ https://www.ifs.at/menschengerechtes-bauen.html.
Zuschuss 24-Stunden-Betreuung	Sozialministeriumsservice https://www.sozialministeriumservice.at/Finanzielles/Pflegeunterstuetzungen/24-Stunden-Betreuung/24-Stunden-Betreuung.de.html

Anlage A: Postvollmacht

Vorname
Name

Adresse
PLZ Ort

Vollmacht zur Entgegennahme von Postsendungen jeglicher Art

Bevollmächtigter ...., geboren am ....

Der/Die Bevollmächtigte ist zu meiner Vertretung berechtigt und kann jedwede Postsendungen incl. Paketen und Päckchen entgegennehmen und in meinem Namen bei den Hinterlegungsstellen abholen.

....
Ort, Datum Unterschrift

Anlage D: Entbindung von der ärztlichen Schweigepflicht

Vorname
Name

Adresse
PLZ Ort

Entbindung von der ärztlichen Schweigepflicht

Bevollmächtigter ...., geboren am ....

Der/Die Bevollmächtigte ist nur zu meiner Vertretung berechtigt, wenn ich in rechtlichen Angelegenheiten **nicht mehr selbst entscheiden kann**; das ist der Fall, wenn in rechtsgeschäftlichen Angelegenheiten die Geschäftsfähigkeit oder wenn in höchstpersönlichen Angelegenheiten die Einsichts- und Urteilsfähigkeit fehlt oder wenn ich mich **nicht mehr selbst äußern kann**.

❍ Ich entbinde hiermit die zuständigen Ärzte und Ärztinnen sowie das Pflegepersonal gegenüber der hier bevollmächtigten Person ausdrücklich von ihrer **Verschwiegenheitspflicht**.
❍ Zustimmung zu **medizinischen Behandlungen** nach meinem mutmaßlichen Willen (sowohl stationär als auch ambulant).
❍ Zusätzlich: Zustimmung zu medizinischen Behandlungen, auch wenn sie gewöhnlich mit einer **schweren oder nachhaltigen Beeinträchtigung** der körperlichen Unversehrtheit oder der Persönlichkeit verbunden sind (z.B. operativer Eingriff, Chemotherapie, Ernährung durch – nicht in vorhandene Körperöffnungen geführte – Sonden);
❍ Ich habe eine **Patientenverfügung** erstellt; der/die Bevollmächtigte soll meinen darin festgelegten Willen befolgen und durchsetzen.

....
Ort, Datum Unterschrift

Anlage E: Entbindung vom Bankgeheimnis

Vorname
Name

Adresse
PLZ Ort

Vollmacht zur Vertretung bei Banken

Bevollmächtigter ...., geboren am ....

Der/Die Bevollmächtigte ist nur zu meiner Vertretung berechtigt, wenn ich in rechtlichen Angelegenheiten **nicht mehr selbst entscheiden kann**; das ist der Fall, wenn in rechtsgeschäftlichen Angelegenheiten die Geschäftsfähigkeit oder wenn in höchstpersönlichen Angelegenheiten die Einsichts- und Urteilsfähigkeit fehlt oder wenn ich mich **nicht mehr selbst äußern kann**.

Der/Die Bevollmächtigte ist berechtigt,

❍ über folgende **Konten und/oder Depots** zu verfügen sowie mich diesbezüglich im Geschäftsverkehr mit Kreditinstituten zu vertreten;
IBAN ....Kreditinstitut ....
IBAN ....Kreditinstitut ....

❍ über alle beim Kreditinstitut ....geführten Konten oder Depots zu verfügen sowie mich diesbezüglich im Geschäftsverkehr mit Kreditinstituten zu vertreten;

❍ über alle wo auch immer geführten Konten oder Depots zu verfügen sowie mich diesbezüglich im Geschäftsverkehr mit Kreditinstituten zu vertreten;
- ❑ für diese auch Zeichnungsberechtigungen zu erteilen;
- ❑ andere Konten/Depots auf meinen Namen zu eröffnen, über diese zu verfügen und sie zu schließen;
- ❑ über mein Pensions-/Rentenkonto zu verfügen sowie mich diesbezüglich im Geschäftsverkehr mit dem Kreditinstitut zu vertreten.

❍ über mein **Bausparguthaben** zu verfügen sowie mich diesbezüglich im Geschäftsverkehr mit der Bausparkasse zu vertreten;
Bausparvertragsnummer: .... Bausparkasse: ....
- ❑ einen (neuen) Bausparvertrag auf meinen Namen zu eröffnen und in meinem Namen einen Antrag auf Gewährung der Bausparprämie zu stellen (§ 108 EStG);
- ❑ meinen Bausparvertrag zu kündigen;

❍ meine Rechte als **Safe-/Schließfachinhaber/in** auszuüben.

❍ über folgende **Sparbücher** zu verfügen sowie mich diesbezüglich im Geschäftsverkehr mit dem Kreditinstitut zu vertreten (Vorlage des Sparbuchs und allenfalls auch Bekanntgabe des Losungswortes notwendig);
Sparbuchnummer: ....Bank: ....
Sparbuchnummer: ....Bank: ....

....
Ort, Datum Unterschrift

Wir trennen uns! Das KONSUMENT-Scheidungsbuch

Egal ob Ehe, eingetragene Partnerschaft oder Beziehung ohne Trauschein: Wenn das, was als dauerhaft betrachtet wurde, in Brüche geht, herrscht emotionaler Ausnahmezustand. Was sind die Folgen für alle Beteiligten? Wie soll es mit Kindern und Wohnung weitergehen? Was ist mit Unterhalt und Aufteilung des Vermögens? Woran ist noch zu denken? Das Buch hilft, in dieser sehr fordernden Phase kühlen Kopf zu bewahren und das zu klären, was geklärt werden muss. Hilfestellung dafür leisten nicht nur die Informationen zur aktuellen Gesetzeslage, sondern auch Checklisten samt Erläuterungen sowie wichtige Kontaktadressen.

broschiert, 156 Seiten, € 19,90
ISBN 978-3-99013-102-2
www.konsument.at/wirtrennenuns

Weitere KONSUMENT-Bücher
im Buchhandel oder im Online-Shop auf www.konsument.at

Wir heiraten! Das KONSUMENT-Hochzeitsbuch

Der Entschluss, einander das „Ja"-Wort zu geben, ist nicht nur ein emotionaler Moment, sondern auch mit vielen rechtlichen und praktischen Fragen verbunden. Wie verbindlich ist eine Verlobung? Was ist eine eingetragene Partnerschaft? Was bedeutet Heirat im juristischen Sinn? Wann ist ein Ehevertrag sinnvoll? Welche Möglichkeiten sieht das Namensrecht für Eltern und Kinder vor? Dieses Buch begleitet durch die aufregende Zeit der Vorbereitungen, gibt Einblick in Hochzeitsbräuche und Anregungen für die Planung der Feierlichkeiten. Nicht zuletzt ist dabei auch das Budget im Auge zu behalten. Checklisten helfen in jeder Phase, den Überblick zu behalten, Behördenwege effizient zu erledigen und wirklich an alles zu denken. Etwa auch an das Umschreiben von Verträgen, die Vorsorge für den Partner zu klären oder die Versicherungen für die neue Lebenssituation zu optimieren. Das Buch ist somit ein ideales Geschenk für Brautleute und alle, die an der Organisation einer Hochzeit mitwirken.

broschiert, 128 Seiten, € 19,90
ISBN 978-3-99013-098-8
www.konsument.at/wirheiraten

Weitere KONSUMENT-Bücher
im Buchhandel oder im Online-Shop auf www.konsument.at

Richtig schenken. Klug entscheiden und schlau abwickeln

Ob als Starthilfe für Kinder und Enkel, aus Umsicht zur Vermeidung von Erbstreitigkeiten, als Spende für wohltätige Zwecke oder schlicht aus dem Bedürfnis heraus, jemandem eine Freude zu bereiten: Motive, kleinere oder größere Vermögenswerte zu verschenken, gibt es viele. Dieses Buch begleitet Sie in Ihren Überlegungen. Insbesondere bei größeren Werten, etwa Immobilien oder Liegenschaften, sind folgenschwere Entscheidungen zu treffen und juristische Kenntnisse nötig. Lernen Sie anhand von typischen Fällen aus der Praxis die Grundlagen und Alternativen bei Schenkungen kennen. Viele Hinweise, Tipps und hilfreiche Musterverträge rüsten Sie für eine gute Entscheidung und schlaue Abwicklung Ihres Vorhabens. Wenn es darum geht, den Fortbestand eines Unternehmens zu sichern oder einen landwirtschaftlichen Betrieb zu übergeben, wird es erst so richtig kompliziert. Mit dem Wissen aus diesem Buch sind Sie jedenfalls auch für Gespräche mit Ihrem Rechtsanwalt oder Notar gewappnet.

broschiert, 136 Seiten, € 19,90
ISBN 978-3-99013-099-5
www.konsument.at/richtig-schenken

Weitere KONSUMENT-Bücher
im Buchhandel oder im Online-Shop auf www.konsument.at

Weitere KONSUMENT-Bücher im Buchhandel oder im Online-Shop auf www.konsument.at

100 Steuer-Tipps

Durchschnittlich 250 Euro erhalten die Österreicher jährlich aus der Arbeitnehmerveranlagung zurück. Aber natürlich nur dann, wenn diese auch tatsächlich durchgeführt wird. In vielen Fällen wäre für Steuerzahler sogar eine noch höhere Rückzahlung möglich. Viele legale Möglichkeiten der Steuerreduktion werden nämlich gar nicht in Anspruch genommen. In diesem Fall gilt: Wissen ist Geld. Dieses Buch geht weiter über die Steuergesetzgebung hinaus. Denn die Autoren verwerten auch die Erkenntnisse aus jährlich 2.500 Urteilen zu praktischen Tipps. Dieses Buch leistet nicht nur wertvolle Hilfe bei Arbeitnehmerveranlagung und Einkommensteuererklärung, sondern zeigt auch legale Gestaltungsräume für Ausgaben und Einnahmen auf. In 100 Kurzbeiträgen werden alle wichtigen Themen verständlich behandelt. Gewinnbringendes Wissen ist garantiert!

Flexcover, 172 Seiten, € 19,90
ISBN 978-3-99013-084-1
www.konsument.at/100steuertipps